Denis Tilli

L'ÂME FRANÇAISE

Albin Michel

Pour mon ami Jean-Jacques,
en souvenir de nos complicités.

« Quand je considère cette nation en elle-même, je la trouve plus extraordinaire qu'aucun des événements de son histoire. En a-t-il jamais paru sur la terre une seule qui fût si remplie de contrastes et si extrême dans chacun de ses actes, plus conduite par des sensations, moins par des principes ; faisant ainsi toujours plus mal ou mieux qu'on ne s'y attendait, tantôt au-dessous du niveau commun de l'humanité, tantôt fort au-dessus ; un peuple tellement inaltérable dans ses principaux instincts, qu'on le reconnaît encore dans des portraits qui ont été faits de lui il y a deux ou trois mille ans, et, en même temps, tellement mobile dans ses pensées journalières et dans ses goûts, qu'il finit par se devenir un spectacle inattendu à lui-même, et demeure souvent aussi surpris que les étrangers à la vue de ce qu'il vient de faire. »

Alexis de Tocqueville,
L'Ancien Régime et la Révolution.

Prologue

Je veux peindre une belle inconnue qui s'éveille d'une longue somnolence : la sensibilité de la droite française. Ses figures symboliques, ses paysages mentaux, ses lieux de pèlerinage, en somme sa raison d'être et son honneur.

Cette sensibilité n'est pas un carrefour de fantasmes. Elle a ses points d'appui dans notre histoire et reste la part commune de millions de Français. Mais on ne la reconnaît pas dans cette droite honteuse, invertébrée et sans saveur des politiques qui s'en réclament.

Le mot lui-même – droite – n'est peut-être plus de saison. Il a trop servi, la gauche a su en faire un repoussoir. Les mots s'usent à la longue ; si celui-là n'a plus de répondant, il faudra en trouver un autre. L'urgence est de lui restituer ses lettres de noblesse. Elle n'en manque pas. Si je revendique l'appellation, ce n'est pas pour protéger une rente, cultiver une bigoterie ou assouvir une haine, mais par suite d'un désaccord de fond avec l'idéologie de la gauche. On m'accordera qu'un écrivain n'a rien à y gagner : en France, c'est en misant à gauche qu'on se taille une réputation littéraire avec les avantages afférents, en premier lieu la bonne conscience. La droite que je veux peindre est une damasserie chamarrée où, me semble-t-il, chacun y trouvera au moins pour partie ses goûts et ses couleurs. C'est une morale de l'action, un traité du style, une façon d'appréhender les choses de la vie en harmonie avec un héritage.

Pour la première fois depuis la Libération, les idées venues de la gauche ont cessé de régner sur les esprits. Les idées, les clichés, les postures : tout l'échafaudage du bobo branché sur la « modernité » s'effondre. L'état de décomposition de notre pays accélère une mutation des mentalités favorable à l'épanouissement d'un printemps où peuvent reverdir des valeurs alternatives. Elles sont déjà majoritaires, mais à l'état de latence : le débat public a tendance à les moucher et les partis de droite ne s'y intéressent pas. Captifs des présupposés de leurs adversaires par conformisme ou lâcheté, ils risquent de laisser passer le train de l'Histoire. Il peut en résulter de graves catastrophes, car les gauchos de la génération Mitterrand sont devenus des sceptiques égocentrés, proches du nihilisme. Ils n'ont plus de ressort moral, juste des appétits de fromages publics. Leurs cadets de la génération Hollande sont à leur image, en pire : leur cynisme n'a même pas l'excuse de la désillusion. En les maintenant au pouvoir, la France irait droit à sa perte.

Elle peut encore éviter cela. Pourquoi la droite politique s'obstine-t-elle à ne pas comprendre que notre pays est prêt à virer de bord pour de bon et pour longtemps ? De quoi ses fondés de pouvoir ont-ils peur ? Des censeurs de la gauche ? Ils ont perdu toute légitimité. D'un extrémisme qui les déborderait ? Leur pusillanimité en serait la cause.

Un politique manque à son devoir en restant à quai quand le train de l'Histoire fait escale dans sa gare. Une fois n'est pas coutume : l'Histoire propose à la droite française l'aubaine d'une aventure. Elle échouera si elle ne sait pas à quoi se référer. Même si les urnes lui consentent un nouveau tour de piste. La droite des partis – « Les Républicains » et dépendances – pèche par ignorance de soi. Elle ne comprend pas avec quoi le mot « droite » a envie de rimer dans les profondeurs de l'âme de la France. Nous risquons tous de le payer cher : les Français en ont marre des trocs de figurants sur les estrades où des politiciens interchangeables s'auto-célèbrent, s'auto-encensent et s'auto-reproduisent. Deux cohabitations sous le règne de Mitterrand et une sous celui de Chirac les ont déniaisés : le manège tourne en rond, toujours dans le même sens et à la même vitesse. Si la droite revient au pouvoir en l'état pour nous interpréter le même répertoire éculé, fût-ce avec des sketches inédits et une distribution rajeunie, la gauche aura tôt fait de retrouver son magistère.

Car la gauche française est riche d'une mythologie qui assure son ancrage dans les imaginaires et lui permet de ne pas sombrer quand ses politiciens perdent pied.

D'abord la galerie des ancêtres : Voltaire, Diderot, Rousseau et Condorcet (les « Lumières ») ; Robespierre et Saint-Just (provisoirement passés de mode), Danton, Babeuf, Blanqui, Proudhon (pour les anars), Fourier et autres « utopistes », Schœlcher, Michelet, Gambetta, Guesde, Louise Michel, le couple Curie, Jaurès, Blum, Aragon, Thorez (un peu oublié), Char, Césaire, Mendès France, Sartre, Mitterrand (sur le tard). Cohn-Bendit (à vingt ans) et Arlette Laguiller (inoxydable) ont rejoint son empyrée, statues vivantes incarnant la révolte dans sa fraîcheur originelle.

Internationalisme oblige, elle a adopté Marx, avant de le renier, mais il y a moins d'un demi-siècle ses disciples envisageaient encore de refaire la révolution avec l'outillage de Lénine, de Trotski ou de Mao. Elle s'est entichée de Dolores Ibárruri (la « Pasionaria »), Ho Chi Minh, Fanon, Lanza del Vasto, Allende,

Arafat. Une génération de gauchistes s'est enfiévrée sous des posters du « Che » Guevara, treillis, béret, barbe et cigare, en « déconstruisant » le Vieux Monde avec Marcuse, Foucault, Derrida, Deleuze, Lyotard, Bourdieu et une infanterie de sociologues.

Elle a ses lieux de référence : le Panthéon pour la sacralité, le mur des Fédérés pour le martyrologe, le circuit République-Nation pour les défilés, la Bastille où l'on dansa en mai 1981 au soir de l'élection de Mitterrand, la roche de Solutré pour le gratin de son fan-club.

Elle a ses rites liturgiques : la manif (drapeaux rouge et noir), le congrès et ses motions, la barricade (si la météo s'y prête), l'Internationale et la Jeune Garde (poing levé, sourcils froncés), le piquet de grève, la Fête de l'Huma, le muguet et les défilés du 1er mai (« unitaires » si possible), le tract, l'A.G., la pétition.

Elle a son imagerie culturelle : *Le Temps des cerises* de Jean-Baptiste Clément, *L'Insurgé* de Vallès, le *J'accuse* de Zola, le *Guernica* de Picasso, le *Liberté, j'écris ton nom* de Paul Éluard, les premiers vacanciers du Front populaire au Touquet-Paris-Plage, le festival d'Avignon, les graffitis de Mai 68 sur les murs de la Sorbonne (« Jouir sans entraves », etc.), le « Touche pas à mon pote » de SOS Racisme, les petites annonces de *Libé.* Plus récemment, « Je suis Charlie », avatar tardif et poussif de son goût pour la mise en slogan des moments où l'Histoire semble lui proposer une relance.

Elle a des mots pour sa démonologie, avec une gradation dans le satanisme, du « conservateur » jusqu'au « facho » ou au « nazillon » en passant par le « petit-bourgeois », l'« ultralibéral », le « jaune », le « réac », le « populiste » et, pire, le « social-traître » (usage interne).

En dépit des vicissitudes du credo initial – Progrès, Raison, Égalité – et des fractures entre ses radicalistes et ses démocrates, ce capital mythologique la dote d'une assurance tous risques. Le rêve peut-être invincible d'un paradis sur terre, contrefaçon du message évangélique, c'est elle qui l'entretient. Le sens de l'Histoire prophétisé par Hegel, c'est elle qui en détient les clefs. Elle peut trahir sa cause ou la servir indignement et alors elle perdra des élections. Mais toujours elle saura lever ou réveiller des ardeurs militantes, il lui suffira d'invoquer les moments cruciaux où elle fut aux côtés des « damnés de la terre », jadis les prolétaires et les colonisés, hier et demain les « minorités ».

Tétanisés par la richesse de cet héritage, ses adversaires contemporains ne misent pour la combattre que sur ses défaillances ou ses errements. Appelons-les « de droite » pour la commodité, en se souvenant que le mot est d'un maniement délicat. Ceux qui l'endossent sur le champ partisan, non sans embarras, acceptent de jouer sur le terrain idéologique que la gauche a tracé et balisé. Il en résulte une infirmité du débat démocratique : face à des protagonistes aussi bien pourvus en glorieux ancêtres, en référents symboliques et en clercs surentraînés, la droite s'en tient à la déclinaison prudente de mesures économiques d'inspiration libérale. Moins d'impôts. Moins d'assistanat. Moins de bureaucratie. Couplet « sécuritaire » de rigueur. Pour le reste, elle avalise implicitement une approche du devenir de l'homme dans la cité qui est celle de la gauche. À l'occasion, elle lui mendie sa respectabilité en plongeant tel Gribouille dans l'eau tiède des « valeurs républicaines ». Ou en s'abstenant de dénoncer comme il l'eût mérité le brûlot creux et grossièrement démago de Stéphane Hessel, *Indignez-vous !*

Durant sa campagne pour l'élection présidentielle de 2007, Nicolas Sarkozy, pourtant accusé de se droitiser jusque dans son propre parti, se réclama de Jean Jaurès, le fondateur de L'*Huma* et le cofondateur de la SFIO, référent commun aux communistes et aux socialistes. Lorsqu'il eut accédé à l'Élysée, il proposa comme modèle à nos écoliers Guy Môquet, un valeureux militant des Jeunesses communistes, fusillé par les Allemands à Châteaubriant. Exemples parmi d'autres d'une soumission idéologique, patente lors des « Manifs pour tous » de 2013. Pour la première fois depuis la manif de 1984 à Versailles revendiquant la liberté de l'enseignement, des centaines de milliers de personnes se sont mobilisées pour exprimer leur attachement à l'identité des genres, à la filiation et, implicitement, à l'identité de notre héritage gréco-latin et judéo-chrétien.

Entendue au sens le plus large, l'identité est le noyau dur de la droite et la gauche rameutée autour de l'ancienne garde des Sceaux Christiane Taubira l'a compris d'emblée. Elle a caricaturé en « homophobie » et en « intégrisme catho » l'initiative spontanée et apolitique de Frigide Barjot et de Ludovine de La Rochère avec les procédés habituels de la propagande de masse. Elle était dans son rôle militant, ça a permis à Hollande de resserrer ses rangs et de mettre sous le tapis les avanies de son ministre Cahuzac. Les dirigeants de l'UMP, imités par ceux du FN, ont dans leur grande majorité cautionné la diabolisation en ployant l'échine, puis en lâchant carrément les acteurs des « Manifs pour tous » à la première inflexion des sondages. Planquons-nous, sinon la foudre de Pierre Bergé va nous anéantir ! Les mêmes dirigeants n'ont jamais réagi lorsqu'une vendetta médiatique s'est déchaînée contre Éric Zemmour et Alain Finkielkraut, auteurs (à succès) de livres qui ont rencontré un écho dans les consciences de droite. Aucun n'a défendu le philosophe Robert Redeker lorsqu'une fatwa l'accula à se terrer incognito dans son propre pays. Aucun n'a dénoncé une autre fatwa, plus insidieuse, celle lancée dans les milieux littéraires contre l'écrivain Richard Millet par des inquisiteurs ivres de haine. S'il a durci le ton, c'est faute d'avoir été soutenu en temps utile par ceux qui en principe avaient vocation à déminer le mécanisme sournois qui néantise les insoumis avec les procédés de Torquemada, la torture en moins, le mépris en plus. Le simple sens de l'honneur l'eût exigé : on ne lâche pas la victime d'une curée, même si on estime qu'elle a « dérapé ». Du reste, les soi-disant « dérapages » sont prémédités et mis en scène dans des émissions dont le but inavoué est de consolider le moralisme ambiant en discréditant les « invités » qui le démystifient. Les journalistes, éditorialistes, humoristes et autres détenteurs d'un pouvoir dans la sphère médiatique auraient tort de se gêner : les ténors de la droite « officielle » viennent toujours à leur rescousse pour isoler, puis flinguer les récalcitrants. Quitte à s'étonner quand Robert Ménard, victime d'un lynchage en règle, se rapproche du FN.

La droite peut l'emporter par défaut si la gauche au pouvoir a déçu ses partisans, il lui manquera ce qui fonde une vraie légitimité : un champ mental semé, labouré et arrosé par ses propres idéaux. On n'exaltera jamais des cœurs juvéniles avec la perspective d'une réforme de la fiscalité ou du Code du travail. On enrôlera des supporters pour la claque le temps d'un scrutin, mais le soufflé retombera vite et le désenchantement tournera à l'aigreur.

Ce livre prend acte d'une culture de gauche profondément enracinée dans l'Histoire de France. Il ambitionne de restituer à la droite sa propre culture en proposant un voyage dans les régions de son imaginaire.

Car la droite aussi possède une mythologie, un corpus de références, des héros de haut vol, et de quoi allumer de belles étoiles dans le ciel des idées.

Mais sans le savoir – en tout cas sans se risquer à affirmer sa singularité. Comme si ses chefs avaient intériorisé le discrédit que la gauche fait peser sur le mot « droite » à coups d'amalgames infondés avec le fascisme, le nazisme et le pétainisme. Ils se sentent à l'étroit dans ce mot qui délimite un pré carré et s'évertuent à noyer le poisson de leur différence dans le mirage d'un « rassemblement ». Internationaliste par nature, la gauche s'accommode de ne représenter qu'une fraction du pays. Elle estime incarner le Bien, ça suffit à ses aises morales. Elle n'a jamais prétendu rassembler que les forces de gauche, sauf lorsqu'un attentat lui procure l'occasion d'une remontée dans les sondages à la faveur d'une émotion unanime, *Charlie Hebdo* ou Bataclan. Si la France va mal, c'est qu'elle s'est droitisée. Pour une conscience de gauche, l'avenir du pays se confond avec celui du parti auquel elle a donné son adhésion. Pressenti après la Libération par de Gaulle pour prendre la tête du gouvernement, parce qu'il le jugeait le plus apte à tenir les rênes, Blum préféra s'occuper de son parti, la SFIO.

La droite des partis répugne à se percevoir comme la fraction d'une totalité. Elle se veut rassembleuse, elle se rêve apolitique et elle fait le gros dos si on l'accuse de se « droitiser ». Que le mot ait mauvaise presse dans son propre camp trahit un double complexe de culpabilité et d'infériorité. Elle voudrait que la gauche la juge assez convenable, assez « tendance » pour succomber à ses avances. Sauf cas de grand péril national, cette drague au consensus n'a d'autre effet qu'une prime au poujadisme.

Il est vrai que la droite ne se laisse pas emprisonner dans les distinguos de politologues entre bonapartistes et orléanistes, libéraux et dirigistes, conservateurs et réformistes, jacobins et girondins, souverainistes et européistes. Au contraire, ils entérinent des divisions et, quand on prétend les surmonter en créant un parti qui les agrège (l'UMP, en 2002, rebaptisée « Les Républicains »), celui-ci les anesthésie sans les dissoudre ; chaque composante du cartel s'y sent en pénitence, et le parti n'a pas de colonne vertébrale. L'intrépide Madeleine de Jessey, animatrice des « Veilleurs », l'avant-garde idéaliste des « Marches pour tous », a cru devoir rejoindre « Les Républicains » pour y arrimer un courant, « Sens commun ». On se demande quel point commun elle peut se trouver avec Nathalie Kosciusko-Morizet, personnalité éminente du même parti, en phase sur à peu près tous les sujets avec les positions « sociétales » de la gauche.

On n'épuise pas non plus les richesses de la droite en explorant les penseurs auxquels elle pourrait se référer si ses chefs les avaient lus. Sa sève coule sous les écorces des théories et la tuyauterie des programmes. Son unité n'est perceptible que dans les replis de la sensibilité.

En outre, la droite n'est pas strictement homothétique à la gauche. Le clivage se déplace ; parfois il s'estompe, se redessine en changeant de contours. On le croit « dépassé ». On l'a cru après l'agonie du monarchisme et le ralliement de l'Église à la république, à la démocratie et à la laïcité de l'État. On l'a cru après la chute du mur de Berlin. On veut encore le croire depuis que les terroristes de Daech, les débats sur la pertinence d'un pouvoir européen et l'essor du Front national ont rebattu les cartes. Toujours il resurgit.

Chevènement s'en est aperçu lorsqu'il a cru pouvoir le transcender dans un front hostile au pouvoir supranational de Bruxelles. Marine Le Pen s'en apercevra à ses dépens : le tripartisme généré par les scores avantageux de son parti au premier tour des scrutins est un leurre, et son « ni gauche ni droite », un cul-de-sac. Elle devra à la longue choisir son camp et nouer des alliances, sous peine de lasser ses électeurs.

Par les temps qui courent, le clivage accuserait plutôt le trait. En feignant de l'ignorer, les communicants de Hollande ont échoué à fédérer les consciences de nos compatriotes sous la bannière d'un « esprit du 11 janvier ». Sous le coup de l'émotion, des électeurs de droite ont pris part à des manifs, mais au titre de supplétifs : ils ne sont pas Charlie ; la dérision et le style de cet hebdomadaire de la gauche la plus agressive ne pouvaient en aucun cas être le générique d'une communion nationale. La dérision est l'arme absolue de la gauche. En récidivant au Bataclan, les terroristes ont permis au pouvoir socialiste d'exhumer la vieille lune d'un « rassemblement » permettant à Hollande de se positionner en chef suprême d'un pays en guerre contre Daech… et contre le FN. C'est un pari qui peut assurer sa réélection aux présidentielles. Mais à supposer que sa logique aille à son terme, il instaurerait un bipartisme dangereux : un agrégat de partis peu estimés (euphémisme) contre un FN devenu leur seul opposant, donc le seul refuge politique pour l'électorat populaire, cocardier et conservateur.

Le clivage résiste aux brouillages. Tantôt il se dessine en pointillé, tantôt se hérisse en barbelés, et ses arabesques sont déroutantes. Car la droite est moins l'avers de la gauche que l'incroyante de sa dogmatique, la folle de ses régiments, le mouton noir de ses troupeaux, le cancre indocile au fond de ses classes. Ses allergies sont à géométrie variable, tantôt philosophiques, tantôt morales, tantôt affectives, tantôt esthétiques.

Ne pas en déduire que la droite serait seulement réactive. Elle a ses sources vives dans une mémoire qui, elle aussi, a irrigué l'Histoire de France et déterminé son identité. Mémoire, identité : c'est la perception d'une menace qui fait naître la prise de conscience. La France des années soixante, pourtant en pleine effervescence, ne se souciait pas de ses racines ; elle aspirait plutôt à s'en évader en dévalant la nationale 7 pour aller twister le rock à Saint-Tropez. Le souci est apparu avec la mondialisation, le sentiment d'une dilution dans le magma européen, l'agonie de la paysannerie, la précarisation des classes moyennes, les flux migratoires ; il s'aggrave depuis l'émergence de l'islamisme politique et les équivoques de nos alliances visant à l'éradiquer au pays de l'or noir. Sans verser dans un pessimisme démoralisant, la menace d'une disparition corps et âme de la France est à l'ordre du jour. D'où ce réflexe d'un repli sur les images de notre passé, pour y puiser l'espérance d'un renouveau, ou à défaut d'une survie.

La personnalité de notre pays se reflète dans un patrimoine symbolique commun, décrypté par l'historien Pierre Nora, maître d'œuvre d'une somme précieuse, *Les Lieux de mémoire*. De Vercingétorix aux poilus de Verdun et aux monuments aux morts qui honorent leur sacrifice, nous avons la matière d'un récit national qui, sans faire l'unanimité, nous rassemble en quelque façon.

L'histoire selon Lavisse, les « hussards noirs » de Ferry, Hugo, Zola ou Péguy se sont évadés de leur gangue idéologique initiale. Nous partageons tous un respect mêlé de nostalgie pour les instituteurs à blouse grise, nous avons tous de la tendresse pour Esméralda, de la compassion pour Jean Valjean. Nous entonnons tous *La Marseillaise* pris d'un frisson cocardier en regardant flotter le drapeau tricolore. La gauche tolère le culte de Jeanne d'Arc, de Napoléon et de De Gaulle. La droite admire la bravoure des soldats de l'An II devant les moulins à vent de Valmy, et ne dédaigne pas d'aller valser le soir du 14 juillet.

On ne peut nier cependant que la Révolution a creusé un fossé ; pour certains une tranchée, voire un abîme. De part et d'autre se sont affirmés et solidifiés deux conceptions de l'Homme, deux approches des réalités sociales, deux espaces de sensibilité distincts. À quoi bon le nier ? En France, le clivage entre la droite et la gauche ne ressemble pas à une bipolarisation à l'anglo-saxonne opposant le parti de la conservation à celui du mouvement. Les institutions pourtant y prédisposent, et surtout les modes de scrutin depuis de Gaulle – uninominal majoritaire aux législatives, duel au second tour aux présidentielles. Il est plus profond, quoi que fassent les candidats pour en raboter les aspérités afin de ratisser plus large. Grâce au ciel, il ne tranche pas dans le vif du corps social, sinon nous serions inondés de sang. On n'est pas de gauche ou de droite nuit et jour et on ne l'est pas forcément *ad vitam.* Le tempérament politique des Français est truffé d'ambivalences. Dans la conscience du même citoyen, les fantasmes réactionnaires et révolutionnaires font souvent bon ménage avec le conservatisme le plus bonasse. La frontière reste ouverte à la buvette de l'Assemblée et les douaniers tolèrent les passages de clandestins.

Le clivage n'en oppose pas moins deux camps qui à fleurets plus ou moins mouchetés poursuivent un conflit de légitimité. La gauche dégaine à ciel ouvert ; la droite se carapate aux premières sommations. Elle a tort : héritage contre héritage, fierté contre fierté, la confrontation serait plus fructueuse et plus sereine. On est toujours mieux dans ses pompes quand on avance à visage découvert. La droite n'est pas moins généreuse, ouverte à autrui, compatissante pour les humbles, accessible à l'esprit critique et en prise avec l'universel que la gauche. Elle l'est autrement. Puissent ces pages mettre au clair les racines spirituelles, intellectuelles, morales, sentimentales et esthétiques de cette différence.

I

La crypte de Saint-Denis

« Il y a trois choses qui sont à Dieu et qui n'appartiennent pas à l'homme : l'irrévocable, l'irréparable, l'indissoluble. »

Victor Hugo, *Actes et Paroles.*

Sur le tableau *L'Angélus*, de Jean-François Millet, le clocher de Chailly-en-Bière n'est qu'un point minuscule sur la ligne d'horizon. Mais qui donne tout son sens à la scène : un hommage à l'humble catholicité de la paysannerie française.

Le pathétique de ce tableau, chacun le ressent en apercevant au détour d'une départementale bordée de platanes le clocher d'un village. Souvent, à l'heure dite, il sonne l'angélus. Il le sonne depuis le XIVe siècle, quand les papes étaient en Avignon, ça fait un bail. La France qu'il commémore a disparu, avec ce catholicisme médiéval dont les litanies de

Péguy rendent un dernier écho. « *Heureux les épis murs, et les blés moissonnés.* » La nostalgie qu'il nous inspire n'est pas anodine, elle nous rappelle que notre pays n'est pas né de la dernière lubie diplomatique. Ni du serment du Jeu de paume. Pays de lente maturation qui dans les tourmentes de l'Histoire s'est découvert tout ensemble hexagonal et en prise avec l'universel. Enclos comme une propriété de famille, et ouvert sur un coin d'azur étoilé.

Être de droite, c'est prendre en compte le passé simple, composé, décomposé, recomposé d'un sol fertilisé par des paysans, christianisé par des saints et longtemps, très longtemps, assemblé et gouverné par des rois. Et c'est aimer ce passé comme un enfant aime sa mère, même si elle l'a taloché plus souvent qu'à son tour.

À cet égard, le panthéon de la droite n'est pas sur la montagne Sainte-Geneviève où, dans une église soustraite au culte, la gauche entretient la mémoire des siens. Elle a raison de le faire : un cœur sans ancêtres est une fleur arrosée par personne. Mais dans cette nécropole de béton, les fresques de Puvis de Chavannes et de Cabanel ne racontent qu'une histoire de France affadie ; à tout prendre, les Galeries historiques conçues par Louis-Philippe à Versailles jouent moins chichement la carte de l'unanimisme. Cependant, elles laissent froid, ça ressemble déjà à de la communication.

La mémoire

Le vrai panthéon de la droite, c'est la crypte de Saint-Denis, dans le 9-3, la ville où se planquaient les tueurs du Bataclan : ironie grimaçante de l'Histoire, car Saint-Denis fut un lieu de pèlerinage, à égalité avec Saint-Martin de Tours, dès l'aube de la christianisation du royaume de France. Des foules cosmopolites y venaient vénérer les restes présumés du premier évêque de Paris. Un tout autre cosmopolitisme s'est ancré aux alentours de la basilique que l'on aperçoit depuis les hauteurs de Montmartre où Ignace de Loyola, Henri IV et Rastignac ont pris leur destin à bras-le-corps. Elle voisine avec le Stade de France, où, en 1998, les Bleus de Zidane se sont illustrés, placebo éphémère sur les plaies encore vives de la fierté d'être Français. Chirac et Jospin y avaient gagné des points dans les sondages, mais le slogan racoleur « Blacks, Blancs, Beurs » a eu la vie brève, faute d'enracinement. Un vrai mythe, ça vient de loin, c'est incorruptible et ça rend toute communication superflue.

Sous la basilique (désormais cathédrale) érigée par Suger à l'aube du génie gothique gisent les restes de nos rois et reines, les Capétiens directs, les Valois, les Bourbons (sauf Charles X, toujours en exil, et Louis-Philippe inhumé, à Dreux). Les restes, façon de dire : durant la Convention, les tombes furent profanées, les ossements dispersés par les sans-culottes. Profanation « légale », disent les guides. Admettons. Pêle-mêle, dans un désordre qui associe les grands rois, les médiocres et les déplorables, se succèdent des sépultures collectives, de simples dalles, des gisants et des mausolées fastueux. On s'y perd : tant de rois, tant de siècles. Les cénotaphes empoussiérés de la chapelle des Bourbons voisinent avec le cœur de Louis XVII ; le tombeau gothique de Dagobert avec une « princesse inconnue ». La Renaissance a transi dans le marbre de Carrare les corps nus de Louis XII et d'Anne de Bretagne, avec des orants et les douze apôtres. Les vertus sculptées de Germain Pilon ont occulté Diane de Poitiers pour restituer Henri II à Catherine de Médicis, et c'est la Renaissance florentine mâtinée d'hellénisme qui préside au repos de François Ier et de Claude de France sous un arc de triomphe. On est étonné de découvrir Du Guesclin, on se dit qu'il n'a pas volé l'honneur de côtoyer ces têtes couronnées dans la lumière presque surnaturelle dispensée par la rose et les vitraux.

Soit une émotion vous étreint, et vous êtes de droite. Soit vous regardez avec l'œil froid du touriste, et vous n'êtes pas de ce bord, même si vous votez à droite.

Nul besoin d'être royaliste ou grenouille de bénitier pour trouver spontanément dans cette crypte les assises de son patriotisme en y apercevant une procession qui, par le truchement de ces rois, nous relie à nos ancêtres les plus lointains.

Une procession charnelle et spirituelle, le contraire d'un processus mécanique. Nous sommes intronisés dans l'ordre d'une sacralité – et que ces tombes aient été profanées ajoute à la majesté des restes ; par cette profanation, la France accède à la sainteté d'une Pietà.

Une panne de légitimité

Quand les théoriciens « réactionnaires » (Bonald, Blanc de Saint-Bonnet, de Maistre, Saint-Martin, Maurras) dissertent sur la légitimité qui a prévalu sous l'Ancien Régime, ils exhument froidement un principe obsolète. Personne n'envisage de rebâtir une société française monarchique sous l'autorité de l'Église, de la grande propriété foncière et des corporations. Personne ne regrette les privilèges nobiliaires, les chapes de plomb du cléricalisme et l'absolutisme royal. L'Histoire a tranché : nous sommes républicains. Elle a tranché dès la chute de Charles X, en

1830, et à supposer qu'après les convulsions de la Commune les partisans du comte de Chambord l'eussent assis sur le trône de ses ancêtres, une guerre civile l'en aurait chassé : identifiée à la démocratie, l'idée républicaine avait pris le dessus. On peut restaurer un vieux meuble, pas une société défunte.

Nous sommes républicains, mais non sans malaise. La Ire République a ensanglanté le pays avant de lever le rideau sur un principat, puis une dictature impériale. La IIe République n'a duré que le temps de hisser le neveu de Napoléon sur un trône éjectable. La IIIe a effacé Sedan à Rethondes et alphabétisé nos campagnes, mais elle s'est sabordée à Vichy, et la IVe a cahoté sous influence américaine avant de sombrer piteusement. Nous en sommes à la Ve. Ça fait beaucoup de républiques en moins de deux siècles et demi, et d'aucuns en réclament une sixième.

Nous sommes républicains, mais avec une panne sèche de légitimité et un doute sur la meilleure république possible. Nous le sommes par défaut et la galerie des portraits des Présidents laisse notre affectivité sur sa faim. Lesquels demeurent dans notre mémoire ? Napoléon III ? Il avait ses mérites, le gaulliste Séguin a eu raison de le réhabiliter, il a encore ses admirateurs mais, enfin, il a étranglé la République le 2 décembre 1852. Les barbus de la IIIe nous indiffèrent, même les assassinés, Sadi Carnot et Doumer. Le temps les a fanés, ce sont des personnages de roman bourgeois, rien de plus, rien de mieux. De Félix Faure on n'a retenu que la fin, apoplectique dans les bras de sa maîtresse. Celle de Deschanel en pyjama ne fut guère plus glorieuse. Si de Gaulle tient sa place dans l'imaginaire national, c'est coiffé d'un képi à deux étoiles : personne ne le perçoit comme un président, et ses ministres l'appelaient « Mon général ».

Tandis que nos rois existent toujours dans les replis de notre imaginaire. En témoignent des clichés, propagés d'ailleurs par les « hussards noirs » de Ferry : le baptême de Clovis et le vase de Soissons, les « rois fainéants » et la culotte à l'envers de Dagobert, la barbe fleurie de Charlemagne et son école (chanson de France Gall), saint Louis rendant la justice sous son chêne à Vincennes, les vilénies de Philippe le Bel contre les templiers et les « rois maudits » (saga de Druon), les cages de fer de Louis XI, Agnès Sorel et Diane de Poitiers, les « mignons » d'Henri III, le « Vert Galant » (sa poule au pot et ses bâtards), Louis XIV en majesté à Versailles. Même Louis XVI a droit à un minimum de compassion ; les fans de la Révolution vident leur fiel sur Marie-Antoinette, l'« étrangère », la frivole, encore que son supplice inspire du respect dans les modestes chaumières où on lit plutôt *Point de vue* que *Libé.*

La Révolution française

Tripe républicaine, inconscient collectif monarchique : cette contradiction condamne la France à tergiverser entre poujadisme et césarisme. L'incurie qui fait ricaner et la poigne qui fait hurler à la tyrannie après qu'on l'a léchée. On rêve de balancer dans la Seine les politiciens de la IVe République mais, aussitôt que de Gaulle les a blackboulés, on le grime en émule de Mussolini. On veut un vrai chef mais on ne supporte pas son autorité.

L'exécution de Louis XVI a créé un trou noir que seuls ont comblé des « hommes providentiels », les deux Napoléon, Thiers après la Commune, Clemenceau en 1917, Pétain en 1940, de Gaulle en 1944 et en 1958. Ce constat, Emmanuel Macron, ministre d'un gouvernement socialiste, a osé le dresser dans une interview au journal *Le 1* daté du 8 juillet 2015 : « *La démocratie comporte toujours une forme d'incomplétude, car elle ne se suffit pas à elle-même. Il y a dans le processus démocratique et dans son fonctionnement un absent. Dans la politique française, cet absent est la figure du roi, dont je pense fondamentalement que le peuple français n'a pas voulu la mort. La Terreur a creusé un vide émotionnel, imaginaire, collectif : le roi n'est plus là ! On a essayé ensuite de réinvestir ce vide, d'y placer d'autres figures : ce sont les moments napoléoniens et gaullistes, notamment. Le reste du temps, la démocratie française ne remplit pas l'espace. On le voit bien avec l'interrogation permanente sur la figure présidentielle, qui vaut depuis le départ du général de Gaulle. Après lui, la normalisation de la figure présidentielle a réinstallé un siège vide au cœur de la vie politique. Pourtant, ce qu'on attend du président de la République, c'est qu'il occupe cette fonction. Tout s'est construit sur ce malentendu. »*

Tout est dit, peut-être avec naïveté, peut-être pas ; en tout cas avec une lucidité remarquable. Les rares monarchistes français ont dû applaudir des deux mains. Les socialistes ont dû faire la tronche. Macron souligne un dilemme que la gauche n'a cessé de nier, toutes chapelles confondues.

En l'admettant, elle mettrait en cause la Révolution, sa pierre d'angle la plus fondamentale. La conscience de droite assume la fatalité de notre double héritage. Elle prend acte d'un consensus sur le principe républicain sans renier notre passé monarchique. Homme de gauche s'il en est, Mélenchon dénonce la complaisance pour les têtes couronnées de Stéphane Bern dans ses émissions télévisées. Pour Mélenchon, qui est nettement moins populaire que Bern, sauf peut-être dans le sixième arrondissement de Paris, l'Histoire de France débute aux États généraux de 1789. Avant : arbitraire, misère et obscurantisme. À gauche, la Révolution reste le préalable fondateur, au prix d'une confusion entre la nation, entité de droit international, et la France, être de chair, de sang et de mémoire.

À droite, on fait la part des choses : aval sans réserve aux « droits de l'Homme » (ersatz du message chrétien) et à l'abolition des privilèges d'ordres, admiration (tempérée) pour l'œuvre administrative de la Constituante, allergie à la suite.

À droite, osons le dire, on n'aime pas la Révolution. On n'a pas attendu les thèses de Furet pour ranger Lénine, Staline, Hitler, Mao, Pol Pot, Sékou Touré et Castro dans une lignée totalitaire inaugurée par Marat, Danton, Robespierre et Saint-Just. On redoute le retour d'un Comité de salut public, et si ce malheur nous tombait dessus, on irait aux abris en espérant qu'un Thermidor vienne ouvrir le rideau sur un Bonaparte.

Le Grand Soir n'est plus d'actualité mais subsiste, à droite, le sentiment diffus que sa menace n'a pas tout à fait disparu, et donc qu'une vague incertitude continue de peser sur la sécurité des personnes et des biens. On n'exclut pas tout à fait l'hypothèse d'un exil en constatant que la gauche robespierriste (terme générique) renaît de ses cendres sous des dehors inédits après qu'on l'avait crue défunte.

Une sympathie pour les chouans

Le Puy du Fou, en Vendée, draine des foules chaque année. C'est après Disneyland le parc d'attractions le plus visité de France et sa réputation a gagné les pays étrangers, à telle enseigne que Vladimir Poutine envisage d'en implanter une version russe en Crimée.

Les spectacles du parc inspirés par des épisodes symboliques de l'Histoire de France sont appréciés, et la représentation du soir, devant les ruines illuminées du château, avec ses milliers de figurants costumés, tous bénévoles, soulève un enthousiasme curieusement unanime. Pourtant la Révolution n'y a pas le beau rôle ; le scénario exalte sans vergogne les révoltes du peuple vendéen contre les « Bleus » et aucun spectateur n'y trouve à redire. Comme si la chouannerie, objectivement « contre-révolutionnaire », inspirait à nos compatriotes une sympathie, inavouable à gauche, instinctive à droite où l'on admire sans réserve l'héroïsme des chefs de l'insurrection, le prolo Cathelineau (« le Saint de l'Anjou »), La Rochejaquelein (« l'Archange »), Lescure, Elbée, Stofflet, Bonchamps le magnanime, Charette surtout, son intrépidité, ses élégances, sa mini-cour à Legé avec sa sœur Marianne et ses belles amazones, maîtresses ou égéries, Adélaïde de La Rochefoucauld, Céleste Bulkeley, Victoire Gouin du Fief, Élisabeth de Montsorbier et quelques autres, titrées ou roturières. De quoi rendre jaloux son compatriote Chateaubriand.

À Sainte-Hélène, Napoléon, qui considérait Charette comme un génie, admirait les autres chefs vendéens. Il n'avait jamais voulu aller les combattre dans leur bocage, et se demandait encore pourquoi ils n'étaient pas montés jusqu'à Paris. Le sinistre Turreau, lui, avait compris : ces paysans étaient attachés à leur roi, à leurs prêtres, à leurs coutumes ancestrales et ne voulaient pas quitter leur sol natal. Aucune velléité de prise du pouvoir, la capitale était trop loin. Ils refusaient viscéralement la conscription et les messes des « assermentés » dans leurs églises leur paraissaient profanatoires. C'est pour cette cause-là, charnelle autant que spirituelle, qu'ils avaient supplié le noblaillon du coin de se mettre à leur tête. La veuve de La Rochejaquelein écrira ceci dans ses mémoires : « *On s'est battu par opinion, par sentiment, par désespoir et non par calcul. On n'avait ni but ni même une espérance positive, et les premiers succès ont passé l'attente qu'on avait d'abord conçue. Il n'y eut ni plan, ni complot, ni secrètes intelligences. Tout le peuple s'est levé à la fois parce qu'un premier exemple a trouvé tous les esprits disposés à la révolte.* »

Notre fond de paysannerie se retrouve dans la rébellion farouche de Jean Chouan, tête brûlée, cœur incandescent, et de ses frères en Mayenne. Dans la sensibilité de droite, ce fond reste vivace. On exècre Barère, Carnot, Carrier, Turreau et leurs Bleus, coupables d'un crime idéologique inédit et d'une ampleur monstrueuse : un Vendéen sur sept. C'est à droite que l'historien Reynald Secher a trouvé des soutiens dans son combat pour une reconnaissance publique du « génocide » vendéen. Elle se fait attendre, et pour cause : en y consentant, la gauche française éboulerait le socle de sa mythologie. Elle peut baisser le pied quant au rôle de l'État dans l'économie ; elle peut renoncer au patriotisme de ses ancêtres en privilégiant ses tropismes européistes ou internationalistes ; elle peut changer tous ses logiciels mythologiques, sauf le credo d'une Révolution fondatrice.

Le Puy du Fou, l'aménagement en un musée de « La Chabotterie », le logis où Charette fut arrêté, l'historial des guerres vendéennes, l'invitation faite à Soljenitsyne de prendre la parole en Vendée : autant d'initiatives dues à Philippe de Villiers. Le discours de Soljenitsyne en 1993 met en lumière le fil du totalitarisme qui relie Robespierre à Lénine et exalte l'esprit de résistance de la chouannerie. Il a scellé sa rupture avec les intellectuels de gauche qui avaient mis Soljenitsyne au pinacle à l'époque où les « nouveaux philosophes » (BHL, Glucksmann, etc.) sortaient (tardivement) de leur marxisme par la porte des « droits de l'Homme ».

Villiers, c'est la droite qui n'a pas peur de ses ombres, souverainiste et cabocharde, moins ultra qu'on ne l'a prétendu, mais pour le plaisir de la provocation toujours tentée par le mot qui fâche. L'insolence est l'arme privilégiée de sa rhétorique ; il aime dégainer, il ne lui déplaît pas d'être détesté. Il est le chouan de la droite française ; elle a besoin de cette cure de mémoire vendéenne. Le bicentenaire de la Révolution, en 1989, orchestré par le socialisme mitterrandien, a démontré s'il en était besoin la permanence du clivage : à gauche, on a commémoré (sans la ferveur de 1889) sous la baguette du publicitaire Goude, société du spectacle oblige. À droite, on s'est borné au suivisme, sans oser soutenir Villiers quand il rappela que le massacre des Vendéens était le fait d'un totalitarisme cohérent dans son genre. Dès lors, sa marginalisation devenait inéluctable. Son tempérament, il est vrai, ne le disposait pas à louvoyer d'un ministère à l'autre. La classe politique l'a mis au rebut, la Vendée s'est lassée ; il a fini par la perdre et a essuyé une vilaine curée médiatique. N'importe, il a réussi le Puy du Fou, acte politique majeur, et prouvé avant son retrait qu'un responsable de la droite n'est pas condamné à subir le joug du conformisme.

La catholicité

L'historien Marc Bloch se trompait en affirmant qu'un vrai patriote français se doit d'être ému par la Fête de la Fédération de 1790 au Champ-de-Mars, et pareillement par le sacre des rois de France à Reims. Bloch a pris son désir unanimiste pour une réalité – et ce désir force le respect, à droite autant qu'à gauche, sachant que cet homme d'honneur a donné sa vie pour la France.

La Fête de la Fédération n'a aucune résonance affective dans une sensibilité de droite. Pierre Nora lui aussi s'est trompé en ajoutant le mur des Fédérés et la commémoration de 1789 à sa liste mémorielle. Le mur des Fédérés appartient à la mythologie de la gauche et la ferveur (ambiguë) des festivités de 1889 n'a pas connu sa réédition en 1989. À chaque bord ses réserves d'émotions.

Si l'historiographie de la IIIe République a rendu un culte patriotique à Jeanne d'Arc, la gauche est en porte-à-faux avec le mythe. Une trêve d'un jour permet aux autorités civiles, religieuses et militaires de célébrer chaque année, le 8 mai, la libération d'Orléans, avec une belle Jeanne de chair et d'os traversant la ville sur un vrai cheval, après un office solennel à la cathédrale, suivi d'une allocution devant le parvis. Celle de Malraux est restée célèbre. Mais les élus de gauche traînent un peu les pieds, et on peut les comprendre. La bergère de Domrémy entendait des voix de saintes et d'archanges. Elle a fait sacrer Charles VII à Reims. Son élan patriotique procède d'une approche spirituelle de la légitimité. Jeanne d'Arc est une héroïne catholique, l'hybride miraculeux d'un chevalier sans peur et sans reproche et d'une vierge plus sage qu'une image sulpicienne. Sa canonisation a aggravé son cas à gauche où la « libre pensée » tient toujours des positions. Lorsque Ségolène Royal prétendit « nationaliser » le mythe en dénonçant sa monopolisation par les amis de Le Pen, elle confirma son différend avec la culture de son parti. Si le mythe de Jeanne d'Arc n'est récupérable par aucune faction partisane, c'est dans la frange péguyste ou bernanosienne de la droite que la vénération de la sainte a inspiré des plumes, entre autres celle de Thérèse de Lisieux.

Parce qu'à droite prévaut la conscience d'une intimité de très longue date entre la France et la catholicité. Conscience vague, mais à l'épicentre du clivage, depuis les lois de 1790 sur l'asservissement du clergé au pouvoir jusqu'aux « marches pour tous » de 2013 et aux débats récents sur les crèches de Noël dans l'espace public, suscités par un intégrisme de la laïcité hostile à l'Église. Le même intégrisme s'en prend à la tradition des ostentions, en ergotant sur la différence entre cultuel et culturel. Comme si le sapin de Noël, la galette des Rois, les cloches en chocolat de Pâques et les feux de la Saint-Jean n'associaient pas depuis des siècles la coutume issue du paganisme à la mémoire catholique.

La foi n'est encartée nulle part et, en ces temps de déchristianisation, beaucoup de droitiers ne croient plus ni à Dieu, ni au diable. Certains se méfient beaucoup du cléricalisme, à l'instar de l'historien Alain-Gérard Slama, excellent connaisseur de la droite française et théoricien de la pérennité du clivage droite-gauche. Cependant, bien que républicain de stricte obédience, son patriotisme est charnel, autant qu'enraciné ; Slama sait ce que la France doit à la catholicité.

Nous sommes tous viscéralement attachés à la laïcité : Dieu nous préserve d'une quelconque théocratie, et des activistes qui compromettent leur foi dans un engagement partisan. Ils ne représentent grâce au ciel qu'une infime minorité et la hiérarchie catholique réprouve clairement leur mélange des genres. Il y a des lustres que la confusion des domaines spirituel et temporel n'est plus une tentation au Vatican : « Rendez à César ce qui est à César. » « Mon royaume n'est pas de ce monde. » Il y a longtemps que le pape

Léon XIII a signifié *urbi et orbi* qu'aucun régime politique n'était en soi un parangon du christianisme, sauvant l'Église d'une identification à la monarchie dont elle ne se serait pas remise.

En vérité, les controverses sur la laïcité, alimentées par certaines marges de la gauche, ressuscitent une haine récurrente de l'Église pour masquer la peur de l'islamisme. Elles rendent un très mauvais service à la laïcité en lui donnant des airs de religion sectaire. Nous sommes tous laïcs dans le sens que ce mot devrait conserver : neutralité confessionnelle de la décision du politique et des lois qui délimitent les prérogatives de l'État. Rien de plus, rien de moins.

Il n'empêche que, sur le sol de la France, des dizaines de milliers de clochers semblables à celui de Millet ont scandé le temps des hommes en sonnant l'angélus. Ça « crée du lien », pour user du patois socio médiatique.

Il n'empêche que Clovis a été baptisé à Reims, Charlemagne sacré à Rome. Ça dessine un horizon géopolitique.

Il n'empêche que Cluny, puis Cîteaux, puis nos cathédrales gothiques et les universités écloses au Moyen Âge n'ont pas compté pour rien dans l'aventure de la civilisation occidentale.

Il n'empêche que notre patrimoine spirituel, architectural, économique, artistique, littéraire, paysager, œnologique a partie étroitement liée avec l'Église catholique. Liée, déliée, reliée : les relations furent rarement sereines entre sceptre et goupillon, gallicans et ultramontains. Elles ne l'ont pas été avec l'État républicain à la fin du XIXe siècle.

La laïcité, alibi ou nouvelle religion ?

La droite est convaincue depuis longtemps que la séparation des Églises et de l'État fut salutaire et que le message évangélique s'accommode mieux des libertés démocratiques que d'une quelconque dictature, fût-elle cléricale comme celle de Franco, de Salazar ou des caudillos d'Amérique latine. Mais elle a le sens de l'héritage, et croit à la nécessité de sa transmission. L'intégralité de l'héritage : hellénisme, romanité, Moyen Âge, Renaissance, classicisme, Lumières, romantisme. Elle ne voit aucune atteinte à la liberté dans les mœurs de la démocratie américaine (le serment prêté sur la Bible par le Président nouvellement élu), de la monarchie anglaise, où la reine Elizabeth II (qui règne et ne gouverne pas) est le chef de l'Église anglicane. Elle aurait même tendance à y voir la caution d'une unité nationale, par-delà les fractures de classe et les sensibilités politiques. En tout cas, elle considère que le citoyen jouit en Suède ou au Danemark des mêmes libertés qu'en France.

Elle n'aurait vu aucune atteinte à la laïcité dans l'évocation des racines chrétiennes de l'Europe en préambule aux textes institutionnels qui définissent les prérogatives de l'UE. Nos gouvernants s'y étant refusés, ils ont privé l'Europe d'identité. L'Europe, c'est l'espace du catholicisme et du protestantisme sécularisé. En niant cet héritage, on vide le mot de tout contenu car les droits de l'Homme, la démocratie, la laïcité ne sont plus l'apanage de notre continent. La droite considère que le triptyque inscrit aux frontons de nos édifices publics – liberté, égalité, fraternité – a sécularisé le message évangélique, et que, dans le polythéisme barbare vendu à flux tendu par la société de consommation, ces trois mots, hélas, ne valent pas plus cher à Paris qu'à Londres ou à Washington.

D'où une approche singulière des relations entre la société et les confessions. À gauche, on estime devoir les traiter sur un pied de stricte égalité. Sans l'avouer tout à fait, électoralisme oblige, on a tendance à les percevoir comme la survivance de crédulités prélogiques dont le positivisme finira par avoir raison. En attendant que leur Raison paraphe les Lumières, on exige leur cantonnement dans la « sphère privée », chose impossible sur notre sol, où des milliers de clochers, des centaines de milliers de calvaires, d'innombrables villes ou patelins qui portent le nom d'un saint peuplent l'espace public. Sans compter les fêtes religieuses qui distribuent le temps sur nos calendriers… grégoriens. Une seule solution pour « libérer » la France de l'emprise du catholicisme : l'instauration d'une religion alternative. Robespierre s'y est risqué avec son culte de l'Être suprême et sa parodie grotesque de l'Ave Maria où Marianne avait supplanté la Vierge. Ça n'a pas tenu la route. Vincent Peillon, ancien ministre d'un gouvernement de Hollande, propose carrément la religion du socialisme, avec une Laïcité auréolée d'une majuscule en guise de divinité. Ça n'ira pas loin non plus, ou alors ça ira trop loin et ça dégoupillera de partout.

Fut un temps, au début des années quatre-vingt, où des idéologues prétendirent eux aussi extirper de nos sociétés occidentales les racines chrétiennes. Ils les jugeaient coupables d'avoir nourri l'idée de l'égalité entre les hommes, et sécrété une morale du ressentiment, celle des esclaves selon Nietzsche. La presse de gauche les a qualifiés de « Nouvelle droite ». Elle se rameutait sous la houlette d'Alain de Benoist autour du Club de l'Horloge, de la revue *Éléments*, et prônait un paganisme celtisant ou germanisant. Elle invoquait à cet effet la « tripartition indo-européenne » décrite par Dumézil, qui n'était pas responsable de ce détournement. C'était une voie sans issue et l'influence de la « Nouvelle droite » ne pouvait pas faire long feu. Bâtir un Occident contre le christianisme est un fantasme éradicateur qui rejoint celui de la « table rase » des idéologues de gauche. Fantasme absurde car sans résonance aucune dans les cryptes de la sensibilité française. Il n'avait de droite que le mot et aura confirmé en se l'appropriant combien il est accommodable aux sauces les plus indigestes.

À droite prévaut l'idée que les confessions, égales devant la loi, ne le sont pas à l'aune de la mémoire. Celle de la France est imprégnée de catholicisme jusque dans la religiosité glaciale des apôtres d'une laïcité pure et dure. Ils ont dénoncé un discours au Latran où Sarkozy précisait que la mission de l'instituteur n'étant pas de même nature que celle du prêtre, elle ne saurait le supplanter. Jules Ferry, le père fondateur de l'école républicaine, aurait approuvé cette évidence. En relisant sa célèbre *Lettre aux instituteurs* de 1882, on mesure le grand écart entre son approche ouverte de la laïcité, et celle du laïcisme idéologique. L'anticléricalisme de Ferry ou du père Combes allait de pair avec un profond respect de la conscience religieuse. Le recul aidant, on s'aperçoit que la férule et le goupillon auront prêché aux écoliers la même morale, et très logiquement Don Camillo et Peppone ont perdu leur crédit au même moment, vers la fin des années cinquante, quand les églises ont commencé à se vider, et les écoles à dégénérer en garderies.

Le judaïsme (depuis le haut Moyen Âge) et le protestantisme (depuis la Renaissance) ont des racines indiscutables en France. L'orthodoxie, l'islam et les sagesses orientales, hindouisme ou bouddhisme, n'en ont pas. C'est un fait. Sa prise en considération n'implique aucun mépris, aucun irrespect, juste une hiérarchisation des affects, venue des profondeurs de l'Histoire, et l'expression d'une gratitude.

Dans la crypte de Saint-Denis, on croit renouer avec une France plus altière, plus printanière, plus poétique que la nôtre – la belle endormie d'un conte de grand-mère. On ressent cela sous les voûtes de Notre-Dame ou devant la rosace de la Sainte-Chapelle ; on le ressent à Vézelay, au mont Saint-Michel, sur la colline de Sion chère à Barrès, à Reims, à Domrémy, à Notre-Dame de Hautecombe, à Chartres, au Puy-en-Velay, dans les monastères mais aussi au château de Vincennes et sous les étendards de Saint-Louis des Invalides. La foi chrétienne n'est pas nécessaire pour enluminer le patriotisme de l'émotion sacrée qui nous saisit devant la tombe de Péguy dans les blés et les coquelicots de la Brie ; il suffit de sentir charnellement que la France fut une chrétienté d'antique ruralité avant d'être un État, une nation, une monarchie, une république. De sentir cela et d'en tirer fierté et réconfort.

II

Les trois mousquetaires

« Un homme paraît avoir du caractère beaucoup plus souvent parce qu'il suit toujours son tempérament que parce qu'il suit toujours ses principes. »

Nietzsche, *Humain, trop humain.*

Un cheval, une épée, la bénédiction paternelle : avec ce viatique un jeune français de Gascogne, d'Artagnan, monte à Paris aux fins d'offrir sa vie à l'aventure. Peut-être lui consentira-t-elle la fortune et la gloire ! Son destin n'est écrit nulle part. Peut-être y laissera-t-il sa peau : on naît, on vit, on meurt, ça ne tient pas à grand-chose. D'ailleurs il s'en faut de peu que d'Artagnan ne succombe à un guet-apens avant son premier abordage de la capitale à Meung, ville des bords de Loire où sous le règne de Louis XI Villon fut emprisonné, et où le commissaire Maigret de Simenon a pris sa retraite.

Le sel de la liberté

La vie comme une aventure et non comme un « projet » collectif emmitouflé dans une somme de « droits acquis » : définition plausible d'une sensibilité de droite. Ce n'est pas un hasard si ce joli mot – l'aventure – supporte dans la sémantique de gauche une connotation négative. Il n'y a pas loin de l'« aventurier » au « facho ». À gauche, l'aventure doit se couler dans le béton du collectif.

À droite, la vie comme une chevauchée impromptue sur une route dont les horizons se dévoilent à mesure. Avec Paris en ligne de mire car la France n'est pas un « *agrégat de peuples désunis* » (Mirabeau) mais une tapisserie de « pays », au sens où l'entendait l'historien Fernand Braudel dans son inestimable *Identité de la France.* Toutes les routes, toutes les voies ferrées, toutes les lignes aériennes intérieures convergent vers cet astre : la capitale. À gauche, les patriotismes se construisent en cercles concentriques, et on ne choisit pas vraiment entre la région, la nation, l'Europe, l'Occident, le monde. À droite, on cultive volontiers son provincialisme, on y puise sa poétique, mais on n'a qu'une patrie, la France, et on se laisse bercer voluptueusement par ce ressac entre « Paris, reine du monde » et cette profusion de terroirs où sommeillent nos ascendants sous une tombe de famille. Lorsque la révolution industrielle eut acculé les paysans à aller se prolétariser dans les villes, lorsque s'amplifièrent les flux de l'exode, est née une littérature non pas régionaliste mais provincialisante, où s'embrouillaient la nostalgie et le sentiment de s'être affranchi d'une fatalité. Depuis lors, le Berry, c'est George Sand ; les Ardennes, Dhôtel ; le pays de Caux, Maupassant ; la Brière, Alphonse de Châteaubriant ; le Limousin, Giraudoux ; la Provence, Daudet, Mistral, Pagnol et Giono ; l'Auvergne, Pourrat ; la Sologne, Genevoix ; la Charente, Chardonne ; les Landes de Gascogne, Mauriac ; la Puisaye, Colette et Jules Renard. Dans aucun autre pays les terroirs n'ont été ainsi magnifiés par une plume, fût-elle fielleuse comme celle de Jouhandeau épinglant son Guéret natal, ou militante comme celle de Le Roy dénonçant la misère noire des paysans de son Périgord. Dans aucun autre pays, la relation entre la capitale et ses provinces n'est aussi intime et ambivalente. Dans aucun autre, en conséquence, l'urbain, le suburbain ou le rurbain sans autre attache que leur carré de bitume ne souffrent autant d'une absence d'arrière-pays.

La vie comme un jeu : noces sans contrat notarié du tragique et du ludique. Advienne que pourra, on se sera bien amusé ! À gauche, les joies et les peines sont des accidents de parcours sur la route du progrès ; à droite, un mouvement de balancier qui pour chacun connaîtra une fin, toujours la même.

La liberté comme ivresse et non comme concept ; le bonheur comme prise de guerre ; le désir à la pointe de l'épée, sans affiliation syndicale. À gauche, une logique ; à droite, un élan.

Sans le savoir, sans le vouloir, Alexandre Dumas aura offert avec ses *Trois Mousquetaires* le vade-mecum des jeunes pousses dont le vouloir-vivre s'impatiente sous un préau de lycée ou sur les bancs d'une fac. Toute la morale de la droite est dans ce galop insoucieux et passionné où la quête d'un absolu s'accommode des gourmandises les plus charnelles. Avoir pris ses leçons de choses de la vie avec d'Artagnan vaut adhésion à une confrérie ; *Les Trois Mousquetaires* sont le mot de passe, on se reconnaît comme les anciens étudiants d'une même promo, les anciens conscrits d'un même régiment, les anciens adhérents d'un même club, les anciens scouts d'une même troupe.

À gauche, l'idée de liberté ; à droite, son envol sur un destrier de fortune, et le plus perclus fera l'affaire pourvu qu'on ait du cœur au ventre.

À gauche, le « contrat social » de Rousseau, le « manifeste » de Marx. Le bonheur décrété par des clercs, circonscrit par des lois et octroyé par la puissance publique.

À droite, pas de contrat, rien de préfabriqué, un *pacte d'amitié* scellé à la diable par quatre lurons, Athos, Aramis, Porthos et ce cadet fougueux qui leur tombe du ciel. Pacte scellé par l'intrusion inopinée des gardes de Richelieu – la légalité – alors qu'ils allaient se battre en duel.

À droite, le *duel* entre personnes consentantes plutôt qu'une judiciarisation du conflit. Mœurs d'époque certes, on ne se trucide plus comme sous Louis XIII pour un mot qui égratigne l'orgueil. Mais une dette d'honneur ne saurait s'acquitter avec du fric, à l'injonction d'un juge. C'est une affaire privée. La vie est de prime abord une aventure privée. Elle a éclos sur un terreau historique et familial, elle exige des apprentissages et elle s'épanouira en *sociabilités* diverses. Elle n'est pas socialisable : nuance capitale.

Le bonheur : une affaire privée

À droite, le bonheur se prend ou se glane sur le fil de l'instant. On le désire, on le respire, on croit le capturer, on déplore ses sautes d'humeur, on l'égrène en souvenirs ; il ne se théorise ni ne se planifie et le politique est prié de ne pas s'en mêler. Le tracé d'une existence, ses joies et ses peines, ses coups de cœur ou de blues, ses chutes et ses rebonds, ne sont pas du ressort de l'autorité publique. Ils ont à voir avec Dieu si l'on y croit, avec ceux que l'on aime, et si on se plante on ne peut s'en prendre qu'à soi-même.

La vie à droite : affaire à régler dans l'intimité, moi et mes dépendances affectives, moi méconnaissable dans les miroirs tendus par autrui, moi contre moi ou à côté de moi dans ce « *songe des songes* » (Calderón) si bref et si peu cohérent. Les cadrages du collectif sont une fatalité de notre condition, dont il faut s'affranchir autant que possible pour un *mano a mano* avec son destin. On a admis la nécessité d'un État, de ses « grands commis » (héritage de la monarchie absolue), de ses agents et de son pouvoir régalien, fort et équanime autant que possible mais jamais intrusif. Moins il sera gros et gras, mieux il protégera les citoyens des menaces extérieures et les humbles des rapaces. Traduction dans une démocratie contemporaine : armée, justice, police. Peu d'impôts, peu de lois, empiètements aussi restreints que possible dans les domaines de l'éducation, de l'économie, de la culture et même de la santé publique.

À droite, on refuse de consigner son moi dans une société de fonctionnaires. Moi jamais vraiment seul, mais jamais adéquat. Moi personne inaliénable, riche d'une profusion d'apports qu'il m'incombe d'harmoniser : le contraire d'un ego normalisé par le « social » qui le soustrait à sa conscience dans la réclusion d'un assistanat. Le « social » dresse l'estrade, habille les acteurs, fournit la plume et l'encre du scénario, mais il ne l'écrit pas.

D'Artagnan n'est qu'un gentilhomme de province sans fortune ni relations, accoutré comme un berger lorsque à Meung il essuie le ricanement d'un seigneur considérable, Rochefort. Il n'a que son épée et le sens de l'honneur, double héritage paternel. Il veut dégainer pour laver l'affront. Rochefort se dérobe et lâche une valetaille qui le bastonne traîtreusement.

Première leçon de politique : le peuple est respectable mais la masse, la meute, la soldatesque, la plèbe en furie seront toujours l'ennemie. En furie, en fusion, livrées à des pulsions. À droite, on se méfie des déchaînements collectifs, émeutes ou parades ; ils précèdent trop souvent des hallalis – et la curée ne profite qu'à des aigrefins. « *Quand plus de trois personnes sont assemblées,* écrivait Blondin, *soit elles fomentent une corrida, soit elles vont à l'abattoir.* » Mieux vaut les « remettez-nous ça » des fraternités apéritives au comptoir que les solidarités de meetings. À droite, on peut éprouver le besoin ponctuel de se serrer les coudes, on n'a pas la fibre militante.

Le scepticisme

Vingt ans après, le roi Louis XIII et le cardinal de Richelieu sont morts. Louis XIV est un enfant. Sa mère, l'Espagnole Anne d'Autriche, assure la régence avec Mazarin, un Italien malin, coquin et radin, amant présumé de la reine. On dit qu'ils se sont mariés secrètement.

D'Artagnan porte la casaque des mousquetaires du roi avec le grade de lieutenant. Athos, Porthos et Aramis ont pris une retraite anticipée, d'Artagnan ne sait pas ce qu'ils sont devenus.

La Fronde agite Paris et s'en prend à Mazarin. Leçon accessoire de politique : quand ça chambarde, il faut un bouc émissaire, le regretté René Girard nous a instruits de son rôle dans la sempiternelle « rivalité mimétique ». Mazarin est honni par le Parlement (aujourd'hui, les « corps intermédiaires ») et par les princes (aujourd'hui, la haute énarchie d'État et les patrons du CAC 40). Il devra s'enfuir comme un maraudeur surpris la main dans le sac. Le même Mazarin reviendra d'exil trois ans plus tard, sous les vivats du peuple parisien. Autre leçon accessoire de politique : les engouements des masses (aujourd'hui évalués en sondages) n'ont ni suite, ni raison, ni morale, et les « élites » tournent leur veste pour leur complaire. Tel qui était encore pétainiste à la fin de l'hiver 1944 se transmua en gaulliste à la belle saison de la même année. Les mêmes qui ont traité Mitterrand d'aventurier à la florentine sans foi ni loi, et Chirac d'agité fascisant, leur tressent à présent des louanges. Hollande engrange vingt points dans les sondages après un attentat ; il les reperd le mois suivant.

D'Artagnan a compris cela. Il exerce son métier d'officier subalterne sans passion ni illusion. Il faudrait être un fol pour investir de la passion dans la Fronde où les Grands complotent, s'allient, se trahissent, s'embrassent avant de se poignarder (aujourd'hui, les ténors des partis dits « de gouvernement » à l'avant-veille d'une présidentielle). Il faudrait être un sot pour gager la moindre illusion sur le bien ou le mal fondé des « revendications » des protagonistes (aujourd'hui, la défense des « droits acquis »). Et encore plus sot pour miser sur leur reconnaissance. Elle ne gratifie généralement que les ralliés de la vingt-cinquième heure.

D'Artagnan n'est ni fou ni idiot. Il sert son roi et par voie de conséquence obéit à sa reine. Donc à Mazarin, son fondé de pouvoir. Lequel s'est laissé dire qu'en d'autres temps les quatre compères avaient réalisé des prodiges. « Retrouvez vos trois amis et sauvez la Reine », dit-il en substance au Gascon.

Ainsi débute *Vingt ans après*, suite romanesque des *Trois Mousquetaires*, aussi endiablée, plus émouvante car nimbée de mélancolie : ils ont vieilli et sont hantés par deux fantômes obsédants, celui de Richelieu et plus encore celui de Milady, la femme fatale.

D'Artagnan retrouve Porthos, qu'un mariage d'argent a reclus dans le confort d'une vie de château. L'argent ne fait pas le bonheur. Porthos s'ennuie. Il voudrait être baron (aujourd'hui, une nomination dans quelque « haut » conseil). Il se laisse enrôler, sans trop savoir pour quelle cause. Il a confiance en son ami, il le suivra où bon lui semblera. Sa cause, c'est l'amitié ; son carburant, la liberté jusqu'à l'ivresse.

Les copains d'abord

En tirant sur la corde des correspondances avec les temps modernes, d'Artagnan serait un demi-solde du gaullisme, recru de scepticisme ; et Porthos, un de ces maréchaux toujours prêts à se faire occire pour Bonaparte sans se poser la question du régime présent ou à venir.

D'Artagnan retrouve Athos dans un manoir près de Blois, puis Aramis dans un couvent de Lagny. Athos est un absolutiste « réac » ; Aramis, un de ces orléanistes ondoyants qui jadis avaient rallié Giscard après une escale de jeunesse chez les ultras (Occident) ou les factieux (OAS). Aujourd'hui, il serait sarko-juppéiste ou filloniste, tout en frayant en douce avec Bayrou et en ménageant Le Maire. Droite janséniste, droite jésuitique. Hélas ! ils sont l'un et l'autre du parti de la Fronde. Deux « loyalistes », deux séditieux. L'enlèvement rocambolesque du duc de Beaufort, incarcéré à Vincennes sur ordre de Mazarin, va les mettre face à face, l'épée au poing – et leur sang bouillonne tout comme avant.

Comment vider ce différend en sauvant l'amitié ? Ce sera le serment nocturne sur la place Royale, rebaptisée place des Vosges. Un pour tous, tous pour un. Leçon politique majeure : primauté absolue d'un sentiment, l'amitié, sur une affinité partisane ou idéologique. Le serment sacralise une fidélité privée – toi et moi – récusant par le fait la notion d'engagement. À tout le moins la relativisant. Allégeance choisie contre solidarité imposée par le milieu, le clan, le parti où l'on risque la mauvaise compagnie.

Cette allégeance précise les contours d'une attitude de droite : méfiance vis-à-vis des idées mobilisatrices. Comme les feuilles, on les trouve belles au printemps. Puis vient l'automne, elles tombent de l'arbre, se dessèchent et autant en emporte le vent. L'arbre est toujours là. Symbolique droitière, chère à l'historien conservateur Hippolyte Taine : racines dans le sol comme un labyrinthe de souterrains, élan harmonieux du branchage vers le ciel. Quand la droite s'entiche d'une idée, ses partisans courent le risque d'essuyer une déception car l'idée s'abâtardit au contact des réalités. On lui trouvait les charmes de la nouveauté parce que l'emballage était bien ficelé, mais au fond on n'y était pas vraiment attaché. La plupart du temps, on l'avait récupéré dans les brocantes de la gauche (aujourd'hui les « valeurs républicaines », le « vivre-ensemble », le « modèle social », la « citoyenneté »).

À droite, on se méfie des théories et des programmes. Si on se laisse entraîner dans un barnum en période électorale, c'est pour y acclamer la star du moment. On s'éprend d'une personne douée de charisme (Giscard, Chirac, Sarkozy), la teneur de son propos ne compte pour presque rien. Et on se déprend si la prestation manque de brio, c'est seulement du spectacle. Churchill, fidèle par principe (librement choisi) à son roi, changeait au gré des circonstances de parti et de circonscription. Celui qui assène comme une leçon de morale qu'il a toujours été fidèle à ses « convictions », encarté dans le même parti, et qu'il s'y tiendra coûte que coûte, celui-là est de gauche.

La « conviction » politique fait peur à la conscience de droite. Elle y présume au mieux une nécrose sectaire, au pire un fanatisme. Elle ne rend pas justice à l'imprévisibilité du réel. Elle abuse ses dupes en s'affichant « valeur » alors qu'elle est simple refuge dans un parti pris.

À droite « les copains d'abord », et des valeurs indémodables. La prise en compte d'une fluidité des conflits sociaux, des modes intellectuelles, des motivations psychologiques condamne le droitier à la perplexité. C'est le bât qui le blesse, rançon d'une liberté qui le sauve.

Comment définir ce qui relève avant tout d'un examen de conscience, d'un *état d'esprit* ? Comment faire la part de la méfiance, du scepticisme et d'un florilège d'aspirations inconvertibles en monnaie partisane ? On est toujours un peu seul avec sa droite, parce que chacun l'enrichit de ses émois, de ses réminiscences ; pour un peu, on voudrait ne la confier qu'à son amoureuse : c'est un jardin secret.

Les revendications de la gauche sont quantifiables : plus d'argent public pour plus d'égalité dans le confort de l'abondance. Toujours plus. L'accès au bonheur est dans cette course au quantitatif, qu'elle décrète qualitative par inscription sur le registre du « progrès ». Rien de tel à droite. On constate des avancées de la technique, on apprécie celles de la science médicale et on ne crache pas sur l'adoucissement des mœurs dans une société libre, globalement prospère et en état de paix. On préfère la démocratie la plus fade, voire la plus corrompue, à la tyrannie la plus munificente. (Churchill : « *le pire des régimes* à *l'exception de tous les autres* »). Mais on ne croit pas à un « progrès » qui ennoblirait la nature humaine. Encore moins aux bienfaits d'une action politique collective qui en hâterait le cours. Dans un monde dont les mues s'accélèrent sous les diktats de l'évolution technique et de la mondialisation, ni l'instinct de prédation, ni la cruauté, ni les hantises immémoriales n'ont changé de nature. La folie des hommes reste la même ; elle emprunte des voies plus détournées dans les pays tels que le nôtre où les tragédies de l'Histoire ne comparaissent que derrière le petit écran. Tout historien sait que les crimes de Daech, qui nous paraissent proprement monstrueux, ont leurs précédents dans la nuit des temps ; tout psychanalyste, que la « barbarie » n'a rendu les armes qu'en apparence sous nos latitudes. En filmant les décapitations qu'ils commettent, en y trouvant un plaisir sordide, les tueurs islamistes révèlent la triste banalité du Mal, ressuscitent les personnages de Sade et rendent un hommage lamentable à la société du spectacle.

L'homme n'est pas bon et ne le sera jamais : « *Une histoire de singe qui a mal tourné* », écrivait Cioran, ce moraliste dans la lignée de La Rochefoucauld, icône des lettrés de droite, roumain par le sang mais tellement français par le tempérament.

À l'angélisme de la gauche, la droite oppose une lucidité pessimiste. L'homme doit être protégé contre lui-même et la seule loi échouera à brider ses instincts de mort, si manque le socle d'une morale transcendante. La nôtre repose sur le prédicat judéo-chrétien d'une faute initiale avec la perspective d'une rédemption, au prix d'un combat contre le satanisme sous-jacent à notre volonté de vivre. Si cette approche du destin disparaît sous les coups de boutoir de l'immanentisme « moderne », l'homme occidental ira au « progrès » comme le veau à l'abattoir. Les têtes pensantes de l'islamisme radical misent leur rêve dément d'un califat universel sur le dépérissement de nos fondements moraux. Ils misent sur une confusion funeste : la défense de notre liberté et ses scories « libertaires » entretenues dans un climat de dérision permanent par le système consumériste. Ils misent sur le toboggan nihiliste où nous sommes lâchés.

Des causes défendables

Le serment de la place Royale illustre une morale des affinités affectives qui ne prédispose pas à l'embrigadement. Manquer à un ami ou trahir un serment est un crime contre l'honneur ; changer d'idée, une preuve que les neurones ne sont pas encrassés. Des causes cependant sont ou paraissent défendables à droite, où le romantisme de l'action fait naître des vocations. La génération dite « de Mai 68 », dont les fantasmes « libertaires » ont modulé les utopies pendant un demi-siècle, a acculé la droite à défendre le « monde libre » avec Bob Morane contre le communisme des Soviétiques, des Chinois et de leurs satellites. L'Histoire lui a donné raison, mais l'idéal n'y trouvait pas son compte et la formule fameuse – il vaut mieux avoir tort avec Sartre que raison avec Aron – avait sa pertinence. Parce que Sartre était un écrivain, Aron « seulement » un sociologue et, en France, depuis le Voltaire de l'affaire Callas, la figure de l'écrivain est sacerdotale, il pourfend le Mal comme saint Georges les dragons. Avec l'engagisme de Sartre, on pouvait mettre un fusil au bout de ses idées et aller crapahuter dans quelque maquis comme l'a fait Régis Debray ; c'était plus exaltant que de défendre la société de consommation dans un parti de technocrates libéraux. Quitte à sombrer dans la déprime lorsque les plus aveugles découvrirent avec quelle servitude rimait le mirage d'un socialisme *stricto sensu* à la Castro ou à la Pol Pot.

Une seule cause ouvrait à droite la perspective d'une action après l'implosion de l'Empire soviétique, celle des maronites du Liban, la plus grande communauté catholique du Proche-Orient. Cause on ne peut plus avouable : un esquif de chrétienté fervente et tolérante, chahuté sur l'océan de l'islam et méprisé par l'intelligentsia française qui avait pris le parti d'Arafat dès le début de la guerre civile, en 1975. Les fedayin de l'OLP étaient « progressistes », les maronites... chrétiens, francophones et francophiles : voilà le fin mot de la trahison de nos « élites ». Défendre ceux qui nous aiment leur eût semblé un comble de vulgarité populiste.

Tels desperados se sont souvenus que, jadis, Napoléon III avait osé intervenir contre les massacreurs, druzes en l'occurrence. Ils ont pris les armes courageusement, à leurs risques et périls, jusqu'au désastre de la guerre interchrétienne entre partisans d'Aoun et de Geagea. On sait comment ça s'est terminé... On sait vers quelles impasses ont dérivé les idéalistes à la Bob Denard qui, pour s'offrir à l'aventure, improvisaient des causes pour le moins farfelues sous le nom générique, en soi très respectable, d'« anticommunisme ».

Ne pas en conclure qu'il faut toujours prendre la tangente, et s'adonner au confort du scepticisme en l'assaisonnant de compassion quand des fous hurlant « Allahu Akbar » assassinent des compatriotes au cœur de Paris. La cause des maronites justifiait un engagement, et les dérobades de la France officielle depuis le début de la guerre civile au Liban l'ont déshonorée. Les sunnites de la région savent désormais que avec elle, ils peuvent tout se permettre. Dont acte. La cause des chrétiens d'Orient mériterait davantage que l'apitoiement précautionneux de nos autorités. Mais à droite, si l'on croit devoir s'insurger, ne jamais oublier l'apostrophe de Péguy : « *Tout commence en mystique, et finit en politique.* »

III

Le retour des cendres

« Les hommes de génie sont des météores destinés à brûler pour éclairer leur siècle. »

Napoléon Bonaparte,
Discours sur le bonheur.

Le froid a givré ses moustaches et figé en stalactite une larme au coin de l'œil. Visage couturé, uniforme délavé, souliers sans lacets. L'homme se tient au garde-à-vous, fusil sur l'épaule, allongé sur la berge.

C'est un vieux grognard de la Grande Armée. Il était à Austerlitz, à Iéna, à Friedland et à Borodino. Peut-être à Waterloo. La mort n'a pas voulu de lui, il se demande pourquoi. Il est rentré dans son patelin en qualité de demi-solde tel le Bridau de *La Rabouilleuse* de Balzac et, à perte de temps, il a raconté à qui voulait l'entendre les attendus d'une épopée dont le souvenir alimente un orgueil mêlé de dédain pour la jeunesse. Elle n'a rien vu, elle ne peut pas comprendre. Comme le déplore Musset, elle est « *venue trop tard dans un monde trop vieux* ».

Il est hors d'âge : un quart de siècle s'est écoulé depuis l'abdication de l'Empereur dans la bonbonnière de l'Élysée. Les Bourbons sont revenus dans les fourgons de l'ennemi. Ils se sont fait filouter leur sceptre par Louis-Philippe, un Orléans, la même engeance détestable. Durant ses jeunes années, il était républicain, comme la plupart des officiers sous les ordres desquels il a parcouru l'Europe avec son fusil et son barda. Il a chanté la *Carmagnole*. Il a peut-être saccagé l'église d'un prêtre réfractaire. Est-il encore républicain ? patriote ? Pour lui ces mots n'ont plus de sens. Plus rien n'a de sens. Il était pour l'Empereur, contre le reste du monde, Anglais, Prussiens, Autrichiens, Russes, Espagnols, prêtres, châtelains, bourgeois.

Il a appris la mort de Napoléon en 1821 et ce deuil a aggravé sa condition d'exilé dans un monde désespérément ordinaire. Or, en ce mois de janvier 1840, la dépouille de l'Empereur est revenue de Sainte-Hélène et par miracle on l'a remobilisé avec d'autres anciens pour monter une garde d'honneur sur les berges de la Seine. Il a veillé toute la nuit, impavide dans la froidure. Venu du Havre, le bateau convoyant le catafalque est apparu dans la brume. Le grognard s'est mis au garde-à-vous. Le bateau est passé devant lui, fantôme d'un passé dont les images se sont autorisé une dernière caracole. Il a versé une larme, il est tombé et on l'a retrouvé raide mort au petit matin.

La droite bonapartiste

La larme gelée de ce grognard anonyme, c'est la noblesse de la droite bonapartiste. Les politologues l'ont mise en fiches : culte du chef, nationalisme ombrageux sinon belliqueux, rejet du parlementarisme, appel au peuple contre les corps intermédiaires. Ils n'ont pas tort, mais pas raison non plus. Pour prendre la vraie mesure du bonapartisme, mieux vaut s'appesantir sur cette larme, elle est lourde d'un temps perdu dont le regret baigne tout le romantisme français en relais de Chateaubriand et, au-delà, aura bercé jusqu'au gaullisme un patriotisme forcément éploré. On en percevait des restes dans le RPR de Chirac – très vaguement –, encore que cela lui ait permis de battre Balladur en 1995. Le même regret, ou presque, a navré le cœur des royalistes au long du XIXe siècle et c'est à la jonction des deux tristesses que le cœur de la droite bat ses plus belles chamades.

Le grognard attendant « son » Empereur sur les berges de la Seine, sa fierté, sa tristesse, c'est l'arrière-pays de l'œuvre de Balzac. Celle de Hugo, fils d'un général de l'Empire, lui doit sa veine et son ampleur. Dès l'abdication à l'Élysée et l'exil à Sainte-Hélène, une certaine France se perçoit comme orpheline d'une grandeur qui lui est consubstantielle. Du moins l'estime-t-elle : saint Louis, Jeanne d'Arc, Versailles... Le génie de Napoléon a outré jusqu'à la folie ses prétentions à enrôler l'Histoire de la France dans ses chimères universalistes, jadis les croisades, naguère la Révolution. Elle ne s'en est pas remise. Elle ne s'en remettra jamais. Comment la France accepterait-elle d'être moyenne après que Napoléon a toisé les Pyramides, mis à genoux les monarques européens et dormi au Kremlin dans le lit des tsars ? Comment Giscard d'Estaing n'a-t-il pas compris qu'en réduisant, dans une allocution à l'occasion de la réception des lauréats du concours général en 1979, notre pays à ses acquêts démographiques – un centième de la population mondiale –, il humiliait le peuple français ?

Depuis Waterloo, la France balance entre morgue et auto-dévaluation. Elle voudrait oublier. Si elle se complaît dans la repentance, c'est par dépit rageur : puisqu'elle a cessé de rayonner, autant détruire ce qui lui reste d'orgueil en battant toutes les coulpes imaginables à l'injonction de la gauche. Depuis la fin du gaullisme et l'agonie du PCF, qui avait à sa façon le sens de la grandeur, la gauche s'est recyclée dans le rôle d'accusateur public : la France, assène-t-elle sur le ton d'un Fouquier-Tinville, fut honteusement esclavagiste au XVIIIe siècle, scandaleusement colonialiste au XIXe, lâchement collabo durant l'Occupation et monstrueusement tortionnaire en Algérie.

Les dirigeants des partis dits « de droite » acquiescent en baissant les yeux, ils ont intériorisé cette entreprise masochiste de culpabilisation. En 2004, ils ont feinté la commémoration du « Soleil d'Austerlitz » sous l'injonction récriminatrice de quelques militants d'une association, le CRAN, dont l'intitulé qualifiant une couleur de peau laisse songeur. Sur le théâtre de la bataille, les figurants anglais en uniforme d'époque étaient plus nombreux que les français. Les historiens à venir retiendront qu'au carrefour des siècles XXe et XXIe la France officielle se complaisait dans la honte de soi sous prétexte de « devoir de mémoire », alors même que sa mémoire était mise au rebut dans les manuels scolaires. Ils retiendront que la droite officielle a pour l'essentiel avalisé cette pathologie morbide.

Le poids de la légende

Depuis deux siècles, un courant de notre historiographie s'évertue sans relâche à démontrer que le Corse diabolique a ensanglanté l'Europe, réduit la France à la mendicité diplomatique au congrès de Vienne, insufflé partout l'hystérie nationaliste, rétabli l'esclavage à Saint-Domingue, asservi les élites bien davantage que le Roi-Soleil – et qu'il a agi en dictateur presque néronien. On n'en finirait pas d'énumérer les tares et les méfaits de ce parvenu, français par le hasard d'une acquisition de Louis XV. Jospin s'y est employé récemment dans un livre, *Le Mal napoléonien*, avec des arguments que la raison peut approuver si l'on oublie que le mythe prend toujours le pas sur les considérants rationnels. Fondateurs ou salvateurs, les mythes comptent pour beaucoup dans la représentation qu'un peuple se fait de lui-même. Celui-là prospérait déjà quand le reclus de Longwood dictait à Las Cases les sarabandes de son monstrueux ego.

Louis-Philippe en était conscient. Les républicains voulaient lui faire la peau, les légitimistes le détestaient plus encore que les bonapartistes. Les haines de famille sont toujours les plus inexpiables, surtout quand l'héritage tourne à la peau de chagrin. Le « roi des Français » n'a pas si mal gouverné, mais il n'incarnait rien de consistant dans la mémoire collective. Aussi décida-t-il le retour des cendres de l'Empereur aux fins de capter fût-ce des rogatons de légitimité. Idée de communicant, d'apparence astucieuse mais qui ne pouvait que se retourner contre lui. Jamais un coup de com n'a assis une légitimité, nos gouvernants actuels auraient intérêt à s'en convaincre. En envoyant son fils Joinville rapatrier la dépouille de l'Empereur, en l'installant aux Invalides, Louis-Philippe a soulevé une houle qui finalement le détrôna et rendit un Second Empire plausible et désirable.

On sait l'engouement populaire suscité par l'événement, et sa trace dans les imaginaires : la France ce jour-là avait retrouvé son âme. Mais une âme au chômage technique, car enfin elle pleurait un cadavre, tandis que le pays s'enrichissait paisiblement avec Guizot aux commandes. Cette âme en peine, des politologues la caricaturent avec des mots savants, pour les besoins de leur cause idéologique. « Populiste » par exemple. Il existe des courants populistes et des chefs qui surfent sur leurs vagues à l'image de Perón dans l'Argentine de l'après-guerre. Le bonapartisme est par définition une spécialité politique française. Droite populaire, droite sabre au clair, rugueuse et bagarreuse, synthèse de d'Artagnan et de Porthos. Elle déborde à gauche car Bonaparte, enfant des Lumières, fut républicain à l'aube de son destin. Après le Directoire, impossible de le ranger dans une catégorie. La campagne d'Égypte est le songe d'un Alexandre ou d'un César, sans la cohérence. Murat balançant des députés par la fenêtre à Saint-Cloud le 18 brumaire (« Citoyens, je vous dissous ! ») exprime dans sa crudité l'antiparlementarisme, tentation récurrente du peuple français. Le Code civil et le Concordat étaient raisonnables comme le juste milieu d'un centriste. Trop raisonnables pour un tel mégalo. Le sacre à Notre-Dame improvisa en une superproduction kitsch un double remake, Charlemagne à Rome, nos rois à Reims, et vive l'Empereur ! Le Bonaparte franchissant les Alpes au col du Grand-Saint-Bernard peint par David ne ressemble pas au Napoléon s'autocouronnant à Notre-Dame, peint par le même. La cavale jusqu'à Waterloo en passant par Vienne, Moscou et Madrid est un autre songe, délirant mais d'un héroïsme de chanson de geste. Le délire a son droit d'entrée sur le théâtre de la politique, comme la peur, l'esprit de vengeance, le sourd désir de la catastrophe. Les tromperies et la répudiation de Joséphine, les épousailles avec l'Autrichienne, les frangins rois d'ici ou de là, les maréchaux, comtes ou barons de ceci ou de cela, les amours des frangines, l'Aiglon en exil à Schönbrunn : gigue fastueuse, débridée, dingue si l'on veut – mais tellement plus fascinante que le prosaïsme de nos « people » démocratiques quand ils couchaillent en vase clos.

De ce chambardement inouï est née une légende dont une certaine France reste inconsolable. Elle laisse indifférente ou exaspère une autre France, et pas seulement à gauche ; la droite libérale des notables vomit le bonapartisme qui a dit oui massivement aux plébiscites de Napoléon III, oui presque aussi massivement aux référendums de de Gaulle. Entre-temps, il a sous-loué sans bail sa nostalgie à un Boulanger, un La Rocque, un Poujade. Il l'entretient en se repaissant d'ouvrages sur Napoléon (Castelot, Tulard, Gallo, Lentz, etc.). Il collectionne des soldats de plomb de l'armée impériale, brocarde pêle-mêle les conservateurs, les centristes et les socialistes, et va pèleriner en famille sous la coupole des Invalides. Bougonneuse et dédaigneuse, la droite bonapartiste trompe sa soif d'aventure en réclamant le retour au pays de Napoléon III, d'Eugénie et du fiston, ça la rapproche des légitimistes, qui, eux, réclament le retour de Charles X et de sa postérité. Nostalgies comparables, à ceci près que les royalistes ne sont plus partie prenante dans l'Histoire tandis que les vagues du bonapartisme, à marée haute, peuvent déterminer l'issue d'un scrutin.

IV

Combourg

> « C'est le devoir qui crée le droit et non le droit qui crée le devoir. »
>
> François-René de Chateaubriand,
> Discours à la Chambre des pairs.

En retrait de la route reliant Rennes à Saint-Malo se dresse en surplomb d'un bourg la masse noire d'un château à quatre tours. Combourg, Ille-et-Vilaine. Ici sont les pénates sentimentaux de la droite française, à l'enseigne du vicomte François-René de Chateaubriand. Devise de la famille : *Mon sang a teint les bannières de France.* Le pèlerinage à Combourg est initiatique ; comme à Combray dans les dédales de la magie proustienne, les amoureux qui errent dans le parc attendent de l'esprit des lieux la délivrance d'un secret intime.

Mélancolie et décadence

Ici, dans ce décor à la Walter Scott, « l'enchanteur » a passé ses vacances d'enfant et d'adolescent avec sa sœur Lucile. Les pages des *Mémoires d'outre-tombe* où il exhume ses émois décrivent un moi exalté et solitaire qui cherche l'embellie et découvre la *mélancolie*. Les tremblés du romantisme sont déjà chez Rousseau (celui des *Confessions*, et de *La Nouvelle Héloïse*) et Chateaubriand, comme Bonaparte, est de prime abord enfant des Lumières et disciple de Jean-Jacques. Avant de s'exiler en Angleterre, il fera pieusement le détour par Ermenonville.

La mélancolie dans laquelle baigneront les vers de Musset et de Vigny, la mélancolie résignée des héroïnes de Balzac, la mélancolie noire d'Athos, la mélancolie dépressive de Baudelaire, la mélancolie douce-amère qui n'en finira jamais d'embuer nos sentiments, c'est l'empreinte de Chateaubriand sur l'histoire de la France « moderne ». Elle englobe la nostalgie banale des temps révolus dans un regret qui fonde à la fois une relation à l'Histoire et un huis clos insoluble dans la pénombre d'une âme affolée par la scénographie de son imagination.

Empreinte de droite : l'optimisme de gauche ne croit pas à l'irrémédiable. Donc il congédie le tragique. Si l'âme est malheureuse, la faute en incombe à la « société » qui l'a emprisonnée dans une geôle. Descellons les barreaux des crédulités ancestrales, elle s'évadera et les lanternes de la Raison éclaireront le monde, promet la philosophie politique du XVIIIe siècle. À droite s'est insinué, depuis la fin de la geste napoléonienne, un sentiment de décadence largement imputable à Chateaubriand : la France perd de sa substance, elle a déchu, elle se barbarise et court à sa ruine. Analyser cette décadence par le biais de l'introspection pour tenter de la combattre sera jusqu'à nos jours la marque d'une conscience de droite. Ne pas confondre ce sentiment français avec le dévoiement du mot par les fascistes et les nazis qui avaient mal lu Spengler, l'auteur du *Déclin de l'Occident.* C'est d'une décadence spirituelle et morale qu'il s'agit, plutôt que d'un déclin politique ou économique. Une perte sèche d'identité. Un oubli de ses ancrages. Une déprime collective. Un reniement de cette « grandeur » exaltée par de Gaulle, qui n'est pas de l'ordre trivial de la puissance.

Ce sentiment, la gauche l'ignore par définition. Les dirigeants de la droite devraient savoir qu'à l'exception d'arrivistes pressés, les jeunes Français s'encartent dans leurs partis en espérant lutter contre la décadence. Sur l'analyse des causes, ils s'abusent : c'est la civilisation occidentale tout entière qui a perdu ses phares et ses balises, et affronte la plus grande mutation depuis la fin de la protohistoire. Elle n'est pas le sombre apanage de la France et les politiques n'ont pas le pouvoir d'inverser les tendances lourdes ; tout juste peuvent-ils y opposer des entraves symboliques. Mais cette « crise de civilisation » blesse singulièrement les Français ; de sorte qu'en décrivant sa propre mélancolie, Chateaubriand nous révèle à nous-mêmes. Si Madeleine de Jessey a cru devoir rejoindre « Les Républicains » et y animer un courant, c'est en vue du renouveau moral d'une France qu'elle a sûrement idéalisée, pas pour prendre part à une réforme économique, si nécessaire soit-elle par ailleurs. « L'intendance suivra », disait de Gaulle. Elle suit toujours quand un chef prend le pas de charge pour tirer un peuple vers des cimes idéales. L'économie est à la politique ce que sa monture était à d'Artagnan. Or, depuis Giscard d'Estaing, la droite ne parle à la jeunesse que de la santé des montures, jamais de l'idéal des mousquetaires. Elle croit au primat de l'économie sur les valeurs, qu'elle relègue dans le fourre-tout à ses yeux secondaire du « sociétal ». Tellement secondaire qu'elle laisse l'idéologie de la gauche y imprimer sa marque.

Les libertés

Des Lumières, Chateaubriand hérite une aspiration aux libertés démocratiques, un peu du mythe du « bon sauvage » et, à son insu, un peu de l'ironie critique de Voltaire. Ce rejeton de la petite noblesse bretonne a vingt et un ans quand débute la Révolution. L'idée d'une remise en cause de l'ordre social ne lui déplaît pas. Même l'idée républicaine. En tout cas, l'idée démocratique. Les deux commençaient à faire la paire, avant 1789, dans les esprits séduits par l'entreprise (réussie) de Washington, Franklin et Jefferson. C'est la Révolution en acte qui le dégoûte : la plèbe déchaînée, l'appel du sang, le jargon des rhéteurs, la haine de la religion, l'apologie récurrente depuis lors de la « table rase » et du « degré zéro ». « *La Révolution m'aurait entraîné, si elle n'eût débuté par des crimes.* »

Faute de mieux pourrait-on dire, il se réfugiera dans le principe monarchique, sans jamais renoncer à défendre les libertés, au pluriel, en premier lieu la liberté d'expression.

Voyage initiatique aux Amériques, qu'il fabule comme plus tard son émule Malraux le fera de ses périples égotistes en Indochine, en Espagne et dans la Résistance. Escale brève et peu glorieuse dans l'armée des émigrés. Elle combattait des Français en renfort d'une coalition ennemie, on conçoit son drame de conscience. Huit années d'exil en Angleterre, le temps d'approfondir sa réflexion politique, de découvrir l'amour avec une Charlotte fraîche comme la rosée et de le fuir pour cause de mariage prématuré. Tout va si vite à l'époque. Il a retrouvé la foi en apprenant la mort de sa mère (« *J'ai pleuré et j'ai cru* ») et défini ce qui lui semble le régime le moins pire, une monarchie constitutionnelle (la future « Charte » octroyée par Louis XVIII en 1814, lors de la première Restauration).

Retour en France durant le Consulat par l'entremise de son ami Fontanes, bel exemple de l'intello « officiel », ami de tous les pouvoirs – le genre Attali, en beaucoup plus littéraire. Gloire précoce : *Atala* et *René* (romantisme), *Le Génie du christianisme*, entreprise de réhabilitation d'un catholicisme qu'il rend esthétiquement désirable. C'était le bon moment, l'« Être suprême » de Robespierre avait laissé le peuple français orphelin de ses ancrages spirituels.

Bientôt le duel au sommet avec Napoléon. Deux géants nés à un an d'intervalle qui d'abord s'épient comme deux chats, puis se combattent à armes égales, l'épée contre la plume. Chateaubriand admire l'« ogre », déteste sa tyrannie, finit par le défier ouvertement. Napoléon tente de l'embobiner en le casant auprès de son oncle à l'ambassade de Rome. Pratique toujours en usage : on case pour remercier, on case pour éloigner, on case pour bâillonner – et comme une ambassade n'est pas vraiment toxique, on y case indifféremment les inclassables et les incapables.

Chateaubriand accueille dans la ville éternelle Pauline de Beaumont, qui va mourir dans ses bras. Pour adoucir son agonie, il lui fait croire qu'il l'aime encore. Elle fait semblant de le croire. Il honore la défunte d'un monument funéraire dans l'église Saint-Louis-des-Français, autre lieu de pèlerinage pour ses admirateurs d'hier et d'aujourd'hui. Les pages où il évoque les derniers jours de la pauvre Pauline sont parmi les plus belles de notre littérature.

Napoléon finira par l'assigner à résidence (à « la Vallée-aux-Loups », non loin de Paris), mais répugne à le faire assassiner comme un banal duc d'Enghien. On prétend qu'il a tenu à voir de ses yeux la maison de son ennemi préféré, une nuit où Chateaubriand s'était absenté.

Adieux de Fontainebleau. Première Restauration. Retour de l'île d'Elbe. Vol de l'aigle « de clocher en clocher ». Cent jours. Waterloo morne plaine. Retour des Bourbons. Chateaubriand proclame sa fidélité à la lignée. Sans illusion, il prend Louis XVIII et Charles X pour ce qu'ils sont, rien moins que des aigles. Pair de France, il campe en opposant monarchique. On croit le museler en lui refilant des ambassades (Berlin, Londres, Rome pour boucler la boucle). Il sera même éphémèrement ministre des Affaires étrangères et œuvrera sans grand discernement pour remettre Ferdinand VII sur son trône, après une révolte des Cortes. Il persiste cependant à dénoncer les atteintes à la liberté d'expression, et milite pour un régime où le roi règne mais ne gouverne pas. Il n'a jamais cru qu'on puisse exhumer les mœurs politiques de l'Ancien Régime en occultant la Révolution et l'Empire. Il ne reniera jamais son amitié pour Lamennais, ce prêtre en rupture de sacerdoce qui, comme lui, aurait voulu une Sainte-Alliance de la liberté, de la religion, de la démocratie… et du trône.

Amoureux d'une féminité qui est l'ombre portée de son moi félin, Chateaubriand traîne sa mélancolie de Delphine de Custine en Nathalie de Noailles, de Claire de Duras en Cordélia Greffulhe. Il a cru les aimer, il a pu se surprendre à les désirer, ça se passe entre lui et lui, et son épouse Céleste s'est résignée, il ne lui a jamais manqué de respect : ce vicomte sait se tenir. Peut-être ne s'est-il adonné à la politique ou à la diplomatie que pour se désennuyer. Hostilité de principe à la monarchie de Juillet après les « Trois Glorieuses » de 1830, durant lesquelles la jeunesse « libérale » l'acclame dans les rues de Paris. Ça flatte son immodestie. Épilogue (presque) vertueux avec *La Vie de Rancé*, le réformateur des cisterciens, en tenant dans sa main de vieillard celle de Juliette Récamier (amour d'automne et d'hiver, peu ou pas consommé).

Les leçons de l'Histoire

1848. Tandis que Chateaubriand entre en agonie, le dernier régime monarchique français succombe. De sa chambre de la rue du Bac, il croit entendre des coups de fusil. On lui annonce qu'éclate une nouvelle révolution. « C'est bien fait », dit-il. On n'en finira jamais d'épiloguer sur le sens de ces paroles. Il a cessé depuis longtemps de croire à l'avenir du légitimisme, il ne soutient plus cette cause que par fidélité. Ou par orgueil, comme on voudra : « *Puisque aucun pouvoir parmi nous n'est inviolable, puisque le sceptre héréditaire est tombé quatre fois depuis trente-huit années, puisque le bandeau royal attaché par la victoire s'est dénoué deux fois de la tête de Napoléon, puisque la souveraineté de Juillet a été incessamment assaillie, il faut en conclure que ce n'est pas la république qui est impossible, mais la monarchie.* » Conclusion très chateaubrianesque : « *Ne dût-il lui rester que moi, je serai toujours fier d'avoir été le dernier sujet de celui qui sera peut-être le dernier roi.* »

Dernières visites de deux admirateurs, et non des moindres, Hugo et Tocqueville. Adieux sans larmes à ce pays, à ce monde trop exigu pour y loger son orgueil. Dernier voyage à Saint-Malo où il était né sous le règne de Louis XV. C'est sous la IIe République que le cortège funèbre traverse la France septentrionale, et les femmes pieuses tenant leur bébé dans les bras touchent le catafalque. Obsèques au Grand Bé, il lui fallait ce face-à-face avec l'océan, à quelques pas de sa maison natale.

Sous une autre république, un prof de philo qui s'appelle Sartre ira pisser sur sa tombe : ainsi la gauche croit régler son compte au chantre inspiré des âmes insatisfaites. À chacun les manières de son irrespect. On oubliera plus vite le sartrisme que l'ample récitatif des *Mémoires d'outre-tombe*. Grandes orgues quand il se coltine avec l'Histoire, sainte ou profane, musique de chambre pour moduler ses chamades, éreintements à la pointe sèche des comparses de la vie politique, la plume de Chateaubriand offre à l'imaginaire de droite le camaïeu sublime de ses aspirations. Ses points de vue sur les vraies questions politiques ne sont datés qu'en apparence ; son regard nous permet de situer les hoquets de notre démocratie dans la fuite du temps – avec quoi la France peut rimer, ce qui est perdu à tout jamais, ce qu'il faut s'efforcer de préserver à tout prix. Nous avons besoin de lui pour redéfinir puis défendre notre identité de Français. Quel avenir pour ce vieux pays dans la nouvelle configuration géopolitique ? Sur quels alliés peut-elle compter ? Comment préserver la singularité de notre héritage dans le bazar de la mondialisation ? Est-ce seulement possible, si s'accélère la déchristianisation des peuples occidentaux, et demain de ceux que notre civilisation a évangélisés ? Que peut-on opposer à la vindicte des islamistes qui consentent au sacrifice de leur vie ? Chateaubriand avait pressenti la menace d'une acculturation et d'un dépérissement des nations dans les bourrasques du cosmopolitisme. Rien de commun entre les survols de sa pensée et le dogmatisme empesé et livide de ses collègues légitimistes à la pairie.

Le roi fantôme que les contre-révolutionnaires ont rêvé de jucher sur le trône des Bourbons n'a plus sa raison d'être dans un siècle où personne ne croirait qu'il guérit les écrouelles. Valéry : « *Tout pouvoir repose sur une croyance.* » Chateaubriand le sait pertinemment. Son légitimisme est aux antipodes du mécano positiviste de Maurras qui ne croit pas en Dieu et partage ce cynisme qui avait poussé Napoléon à disposer un garde-chiourme dans chaque paroisse pour museler l'esprit de révolte. Le parti pris de l'enchanteur relève de la parade et du contre-feu ; on ne saura jamais comment il aurait réagi si Napoléon, au lieu de commanditer l'assassinat du duc d'Enghien, avait scellé l'alliance de la plume et de l'épée en l'associant de près à son pouvoir.

Ne regrettons rien : l'écrivain se dégrade en devenant le conseiller du prince. Une plume bien aiguisée peut orienter les esprits, les exalter au besoin. Encore doit-elle se méfier, car le risque mortel est de projeter sur le champ de l'action politique des aspirations à l'absolu. Ainsi se sont dévoyés des écrivains superbes dans la soumission au stalinisme, au fascisme ou au nazisme : Brasillach, Aragon, Drieu, Éluard, Rebatet, Vaillant, liste non exhaustive. L'absolu relève de la mystique ou de la poétique ; la politique, de la contingence. La confusion des genres ne peut déboucher que sur le totalitarisme. Dans le palais du prince, la plume la plus subtile ou la plus impertinente ne saurait être qu'une courtisane. Sans Épictète, Marc Aurèle aurait gouverné de la même façon, et Malraux n'a inspiré aucune décision politique à de Gaulle, il n'était que le miroir de son orgueil. C'est peu dire que la présence de BHL auprès de Sarkozy, dans un rôle de souffleur diplomatique, n'aura été d'aucun bénéfice. Régis Debray a vite compris ce qu'il lui en aurait coûté, en monnaie de crédibilité, de rester aux basques de Mitterrand dans la serre de l'Élysée. Il a pris le large, ça l'a chagriné mais ça l'a sauvé.

Les *Mémoires d'outre-tombe* sont le seul acte politique de Chateaubriand susceptible d'éclairer les lanternes d'un acteur sur le théâtre de l'Histoire. C'est la droite romantique, la plus précieuse à défaut d'être la plus héroïque ou la plus raisonnable. Le politique qui s'en imprégnerait verrait le cours des affaires publiques de plus haut et de plus loin, dans une légende des siècles dont la poésie le prémunirait des scories de l'éphémère. Ses décisions seraient pesées sur la balance de l'Histoire et non dictées par l'air du temps dans une fébrilité anxiogène pour le peuple. En d'autres termes, il redeviendrait un politique, quand nos gouvernants sont les commentateurs passifs du commentaire à flux tendu des médias. Ce retour du vrai politique, on ne le voit pas venir. Un jour peut-être, au bout de ce tunnel où le régime des partis ne sait engendrer que des fantoches… Le désenchantement de Chateaubriand n'est pas stérile ; il présuppose une France qui ne cesse de prendre de mauvais plis, mais dont le fond identitaire, inséparable d'une exigence d'ordre spirituel, existe toujours dans les cœurs. Aussi longtemps que des songeurs solitaires ou des amoureux de Peynet erreront dans le parc de Combourg, on aura tort de désespérer tout à fait de l'avenir de la France.

V

Tocqueville

« En politique, ce qu'il y a souvent de plus difficile à apprécier et à comprendre, c'est ce qui se passe sous nos yeux. »

Alexis de Tocqueville,
Le Despotisme démocratique.

La tombe d'Alexis de Tocqueville, adossée à l'église en toute simplicité, et l'élégance du château en retrait du bourg contrastent avec la tristesse de Combourg et la solitude océanique du Grand Bé. Les deux familles étaient apparentées, le frère de Chateaubriand ayant épousé une petite-fille de Malesherbes, le grand-père paternel de Tocqueville. Beaucoup de morts sur l'échafaud. Thermidor a permis au père de Tocqueville de s'en tirer à moindres frais. Il est devenu préfet.

Même ascendance, la petite noblesse de province. Même curiosité passionnée pour les chahuts de l'Histoire. Même tentation de se commettre dans la vie politique – et ils auront été l'un et l'autre ministre des Affaires étrangères d'un gouvernement qu'ils tenaient en piètre estime. Même besoin de se détacher des tribulations, plume à la main, pour interpréter la mutation en cours d'une société française qui déjà larguait ses amarres et tanguait sans gouvernail sur des flots déchaînés, au plus près des récifs.

Mais une génération sépare les deux écrivains majeurs de la droite française. Chateaubriand a grandi dans l'Ancien Régime, connu la Révolution, l'exil, Napoléon et les Restaurations. Tocqueville est contemporain des nostalgiques de la geste impériale et il assistera aux résurgences de 1789 : la révolution de juillet 1830, puis celle de 1848. Il admirait Chateaubriand, non sans agacement, tant leurs caractères étaient dissemblables, hauteur du Breton, aménité du Normand. Le Cotentin est aimablement bocager du côté de Barfleur et le château des Tocqueville concilie les charmes d'une gentilhommière du XVIIIe et une majesté plus seigneuriale avec ses tours de la Renaissance, son grand parc et son bassin dessiné par Mary, l'épouse anglaise d'Alexis. Retraite idéale pour ce méditatif à la santé précaire, encore que porté sur le cotillon. Comme Chateaubriand, aux langueurs près. Il écrivait à l'étage dans un cabinet d'un intimisme sans afféterie : boiseries, Gobelins du XVIIIe représentant les effervescences du mois de mai, portrait de Vauban, son ancêtre, au-dessus de la cheminée. À Combourg, on rêve l'amour en tremblant d'effroi ; à Tocqueville, on l'apprivoise. À Combourg, les vents qui hurlent convoquent des fantômes ; à Tocqueville, la pluie murmure doucement, c'est le havre adéquat aux bonheurs que rien ne contrarie.

La droite libérale

Chateaubriand reste le héros d'un romantisme de droite lourd de désenchantement. Au sortir des *Mémoires d'outre-tombe*, on ne voit plus sans colère ou dégoût l'Histoire se prostituer à la basse altitude des zizanies politiciennes. Pire : on est tenté de la fuir pour se réfugier dans un passé où la France redevient une égérie désirable. Cette tentation est un réflexe droitier. On n'est pas obligé d'y succomber, mais ayant connu ce soupir de lassitude qui incite au désengagement, on a vis-à-vis de nos gouvernants des exigences tant esthétiques que morales.

Tocqueville est le maître à penser de la droite libérale, conservatrice ou réformiste. Les « Trois glorieuses » de 1830 et l'accession au pouvoir de Louis-Philippe – auquel il a prêté serment – l'ont incité à écrire les deux tomes de *De la démocratie en Amérique*. La chute de la monarchie de Juillet, la révolution de 1848 et l'avènement de la IIe République – dans laquelle il joua un rôle après l'avoir ralliée – lui inspirèrent *De l'Ancien Régime et de la Révolution*, méditation inachevée sur les causes profondes de 1789.

Deux livres qui ont assuré sa gloire et restent la bible de cette droite modérée qui accompagne sous des dehors variables l'ascension des classes moyennes dans le sillage de la bourgeoisie. De Montesquieu à Raymond Aron en passant par Constant, Guizot, Montalembert et Taine, elle n'a cessé de rechercher un point d'équilibre entre la nécessité d'ancrages dans la religion, la tradition et la raison aristotélicienne, et le respect des libertés démocratiques. Le réalisme est son image de marque, la prudence son premier réflexe, le juste milieu sa boussole.

Le ralliement de Tocqueville à la république est conjoncturel, pour ne pas dire accidentel. Au fond, la nature du régime l'indiffère. Il se serait accommodé de la monarchie constitutionnelle si Louis-

Philippe avait respecté la liberté d'expression. Il cherche le biais qui favoriserait la cohabitation de deux passions contradictoires : un désir de liberté individuelle et un désir d'égalité. Le monde à venir sera démocratique ; sur ce point, son constat rejoint celui de Chateaubriand. La démocratie qu'il a observée en France, étudiée aux États-Unis et en Angleterre, promeut une société foncièrement égalitaire où l'homme sera épris de bien-être, sujet à l'envie, vaniteux, près de ses sous, isolé, soumis à l'opinion publique avec le risque d'une tyrannie de la majorité.

« *À mesure que les citoyens deviennent plus égaux et plus semblables, le penchant de chacun à croire aveuglément un certain homme ou une certaine classe diminue. La disposition à en croire la masse augmente, et c'est de plus en plus l'opinion qui mène le monde.*

Dans les temps d'égalité, les hommes n'ont aucune foi les uns dans les autres, à cause de leur similitude ; mais cette même similitude leur donne une confiance presque illimitée dans le jugement du public.

Quand l'homme qui vit dans les pays démocratiques se compare individuellement à tous ceux qui l'environnent, il sent avec orgueil qu'il est égal à chacun d'eux ; mais lorsqu'il vient à envisager l'ensemble de ses semblables et à se placer lui-même à côté de ce grand corps, il est aussitôt accablé de sa propre insignifiance et de sa faiblesse.

Cette même égalité qui le rend indépendant de chacun de ses concitoyens en particulier, le livre isolé et sans défense à l'action du plus grand nombre.

Le public a donc chez les peuples démocratiques une puissance singulière dont les nations aristocratiques ne pouvaient pas même concevoir l'idée. Il ne persuade pas ses croyances, il les impose et les fait pénétrer dans les âmes par une sorte de pression immense de l'esprit de tous sur l'intelligence de chacun. »

La droite raison

Ce gentilhomme discret, imbu des mœurs de son milieu mais amoureux du bien public, n'a guère plus de sympathie que Chateaubriand pour le monde « moderne ». Ce monde, nous dit-il, sera gris ; des sentiments moyens en excluront tout enchantement et le lyrisme s'y entachera de démagogie. L'individu sera à la fois pourvu en jouissances et jamais satisfait.

« *Chez les peuples démocratiques, les hommes obtiendront aisément une certaine égalité ; ils ne sauraient atteindre celle qu'ils désirent. Celle-ci recule chaque jour devant eux, mais sans jamais se dérober à leurs regards, et, en se retirant, elle les attire à sa poursuite. Sans cesse ils croient qu'ils vont la saisir, et elle échappe sans cesse à leurs étreintes. Ils la voient d'assez près pour connaître ses charmes, ils ne l'approchent pas assez pour en jouir, et ils meurent avant d'avoir savouré pleinement ses douceurs.*

C'est à ces causes qu'il faut attribuer la mélancolie singulière que les habitants des contrées démocratiques font souvent voir au sein de leur abondance, et ces dégoûts de la vie qui viennent quelquefois les saisir au milieu d'une existence aisée et tranquille. »

On ne saurait mieux peindre nos mœurs politiques et la déprime de nos contemporains. Tocqueville souligne le risque d'une dictature de l'exécutif dans un pays centralisé par nos monarques, avec l'ajout d'une couche supplémentaire par la Révolution et l'Empire. Thèse validée par le coup d'État de Louis-Napoléon Bonaparte, auquel il refusera de se soumettre. Auparavant, il avait dénoncé l'obstination de la monarchie de Juillet à museler la presse, et participé avec Lamartine à la campagne dite « des banquets » en 1847. Qu'allait-il advenir après l'effondrement de la monarchie louis-philipparde ? Soit la république, soit l'irruption d'un nouvel homme providentiel qui ne saurait être un Bourbon ou un Orléans : l'Histoire ne repasse pas les plats. Il a préféré la république et quand elle a trépassé peu après être née, il s'est retiré de la vie politique pour se consacrer à son œuvre entre Paris et son village.

Le monde entrevu par ce visionnaire, c'est le nôtre. Pas exaltant, incitant peu à la vertu, ni à se mêler de la chose publique. Le génie de Tocqueville nous ébahit quand on lit Guy Debord, le pape du situationnisme, ou Philippe Muray, le pourfendeur de la modernité : l'égocentrisme, le consumérisme, le matérialisme, la « société du spectacle », le dévoiement du citoyen en un « supporter », l'« *homo festivus* », il a tout prophétisé. Tocqueville cependant nous invite à prendre le monde en l'état, pour le meilleur – la liberté – et pour le pire – le règne des ego, leur solitude, leurs frustrations. La Révolution a ouvert des vannes qui ne se refermeront pas. Comment rendre la liberté compatible avec l'arrogance de l'État, l'emprise de l'opinion et la quête effrénée d'emplois publics qui met l'individu en situation de dépendance ? En effet, il avait prévu cette obsession de la plupart des familles françaises, classes populaires et classes moyennes confondues : mettre leurs rejetons dans des pantoufles de fonctionnaires. Ça tombe à la fin de chaque mois et il y a la retraite. Il ne pouvait pas prévoir le statut de la fonction publique, qui a aggravé cette propension à l'emmitouflage et, à terme, rendu l'État tout ensemble omnipotent et impotent.

Comment s'accommoder de cette révolution qui n'est pas terminée, ne le sera peut-être jamais, et qui fait peser la menace d'une variété quelconque de socialisme, la pire selon lui ? Tous ces points d'interrogation concernent la France d'aujourd'hui. Tocqueville a aperçu derrière Louis Blanc, Blanqui, Ledru-Rollin, Raspail, Barbès, Considerant et Arago leur postérité. Les chiens ne font pas des chats. Les « alternatifs », les Verts de Duflot, le NPA de Besancenot, les restes du PCF, Mélenchon, la gauche « frondeuse » du PS sont déjà à l'affiche sous Louis-Philippe, ce qui n'est pas rassurant. En le lisant, on est tellement séduit par l'acuité psychologique et la finesse des mises en perspective, on établit si aisément des parallèles avec des situations contemporaines qu'on en oublie presque de goûter les charmes proprement littéraires. Certains des portraits qu'il ébauche dans ses souvenirs de la révolution de 1848 justifient la comparaison avec La Bruyère ; et l'économie des moyens – le mot adéquat, la phrase sans enflure – le range en bonne place sur l'étagère de nos écrivains classiques.

Sans Chateaubriand, la droite française souffrirait d'un déficit esthétique et sentimental, d'un souffle venu des profondeurs spirituelles de l'âme française. Elle serait rationnelle, fataliste, précautionneuse et amnésique. C'est présentement l'impression que donnent nos partis ; les flamboiements de l'esprit y sont aussi rares que les élans venus du cœur. Sans Chateaubriand, la gauche aurait beau jeu de lui opposer son romantisme révolutionnaire, son enrôlement dans les « luttes sociales » et même la frénésie libertaire de la génération du baby-boom quand les enfants de Marx et de Coca-Cola, formule consacrée, avaient vingt ans. Le sourire de Cohn-Bendit défiant un cordon de CRS en mai 1968, c'était plus excitant qu'un sermon libéral *made in USA* de la même époque. Du reste, en dépit de ses qualités, nettement supérieures à celles de tous les politiciens de la gauche actuelle, le centriste désengagé qu'est devenu Cohn-Bendit ne jouirait pas d'une telle aura s'il n'avait été « Dany le rouge » dans ce passé où les bobos-écolos d'aujourd'hui étaient des gauchos.

Sans Tocqueville, la droite n'aurait pas de point d'appui intellectuellement crédible pour affronter les réalités. Sa pensée légitimise un conservatisme éclairé, un réformisme pondéré, un libéralisme économique régulé, une méfiance à l'égard des prérogatives de l'État central et des lubies de l'opinion, cette dame frivole, capricieuse et putassière. Elle justifierait une franche déclaration d'hostilité au système médiatique si ses chefs en avaient le courage, au lieu de se démonétiser en lui mendiant des miettes de notoriété ou des sursis de popularité.

En outre, la passion désintéressée de Tocqueville pour le bien commun, son mépris de la démagogie, sa tenue valent leçon de morale : ce gentilhomme avait au plus haut degré le sens de l'honneur. Si à droite et au centre les politiciens qui ont occupé le pouvoir depuis la monarchie de Juillet avaient été fidèles à ses préceptes, la France se serait épargné bien des maux. Il faut aller à Combourg, c'est la Jérusalem de la sentimentalité droitière, mais ensuite il faut monter jusqu'à Tocqueville, l'Athènes en modèle réduit de la droite raison.

L'épée, le blason, le grimoire

En quittant Tocqueville, il n'est pas superflu de musarder autour de Valognes, le Versailles du Cotentin, disait-on de cette sous-préfecture dont Tocqueville fut le député. Les bombardements américains l'ont amputée de la plupart de ses atours du Grand Siècle, mais on en trouve des restes dans la rue des Religieuses, où Jules Barbey d'Aurevilly tenait ses positions à l'hôtel de Grandval-Caligny. Dans la même rue, le roi découronné Charles X passa sa dernière nuit en France, avant de gagner Cherbourg pour s'exfiltrer en Angleterre.

Barbey est de Saint-Sauveur-le-Vicomte, un pays de landes marécageuses, de bois sombres et de promontoires fleuris de jaune d'où s'aperçoit la mer. C'est le décor presque exclusif de son œuvre romanesque. Au pied des ruines du château où rôdent les mânes du « prêtre marié » et de sa fille Calixte, héroïne d'un roman qui fit scandale, sa tombe voisine avec celles de prélats et de religieuses : final édifiant d'une existence plus bohème et farfelue que nature.

Noblaillon désargenté, Barbey s'est toujours voulu écrivain. *Le Chevalier des Touches* exalte un épisode fantasmé de la chouannerie tardive avec tous les accessoires du « gothique » à la Walpole. C'est le roman d'un héroïsme vindicatif à force d'être désespéré, il faut le lire par une nuit d'hiver, dans un château de la campagne valognaise, quand le vent hurle derrière la croisée ; alors comparaissent les fantômes d'une féodalité totalement irréelle, dans ce passé lointain suggéré par les preux et les gueux des vitraux de nos cathédrales. *Les Diaboliques*, nouvelles qui ont valu à Barbey une reconnaissance tardive, donnent dans le satanisme : nul n'a peint l'âme humaine d'une encre aussi noire.

Brouillon, râleur et querelleur, Barbey soutint un temps le régime de Napoléon III et professa un anticléricalisme bravache avant de se faire plus catho que le pape, plus royaliste que les Bourbons – ce qui n'empêchait pas les paroissiennes de Saint-Sauveur de se signer à son passage, tant sa réputation était celle d'un impie disposé à tous les sacrilèges. Polémiste d'une mauvaise foi savoureuse, il aura témoigné jusqu'à la caricature d'un rejet du temps présent, d'une haine de l'esprit bourgeois à la Homais, d'une nostalgie de la féodalité évidemment surjouée. Mais la caricature a belle allure. Son monarchisme « réac » ne tenait pas debout, c'était sa façon d'opposer un veto à la réalité. Ne pas confondre cette droite sympathiquement passéiste avec ces factions nationalistes, complotistes, antiparlementaristes, anticapitalistes, éventuellement antirépublicaines (Maurras *and Co*) et toujours antisémites que la gauche appellera ultérieurement l'« extrême droite ». Elles furent le symptôme d'une convulsion de la société française quand la paysannerie fut prolétarisée par la révolution industrielle, et la petite bourgeoisie déclassée par l'essor du capitalisme spéculatif. On les voit poindre à la Belle Époque dans les crispations de l'antidreyfusisme, leur influence culminera jusqu'à la Débâcle et certains de ses suppôts iront se loger à Vichy. Depuis la Libération, il n'en reste que des sectes sans influence. Tant mieux pour la droite, leur seule victime par fausse donne sémantique. Car si l'on y regarde de près avec l'œil du psychanalyste, cette « extrême droite » est un surgeon parano de l'extrême gauche plutôt qu'un appendice de la droite.

Barbey n'est pas une préfiguration de Drumont, l'auteur cinglé de *La France juive*. Il se veut – sur le tard – disciple de De Maistre et de Bonald, mais quand il tresse leurs louanges dans *Les prophètes du passé*, ça sonne faux, il théorise ses fantasmes avec une lourdeur pachydermique. En règle générale, les textes politiques « engagés » des vrais écrivains ne les grandissent pas ; c'est leur part névrotique à l'état chimiquement pur.

Barbey ne veut pas renier ce qu'il doit à Chateaubriand, auquel il reproche de s'être prostitué à l'air du temps au point de prôner la pire des horreurs à ses yeux : une monarchie constitutionnelle. Il lui accorde tout de même d'avoir magnifié la culture catholique avec *Le Génie du christianisme*. Son post-romantisme prend place dans une lignée de polémistes catholiques dont l'excès est une clause de style : Hello, Huysmans, Bloy, Bernanos. Le côté anar de leurs outrances les rapprocherait presque de Céline. Chez Barbey, le dandysme anglophile, emprunté à Brummell, épouse celui de Baudelaire, son esprit de dissidence ne répugnait pas à l'excentricité.

C'est la droite réactionnaire, raidie dans son aversion pour le progrès, le bourgeois pansu et cossu, les masses, le monde industriel, la démocratie conçue comme idolâtrie monstrueuse du quantitatif. Valéry, Morand, Cioran et plus encore

Muray partageront cet élitisme anti-égalitaire. Pris à la lettre, il n'est pas soluble dans nos mœurs politiques. Reste que les ronchonnements éplorés ou vindicatifs de la droite qu'il incarne font partie de l'héritage. Ils trahissent un regret des valeurs aristocratiques enchâssées dans la foi catholique d'un paysan du Cotentin. Regret stérile si l'on veut mais, s'il disparaissait tout à fait, la droite perdrait beaucoup de sa magie, elle ne verrait plus que des chiffres dans le ciel de ses aspirations. Celles de la gauche s'enracinent sans complexe dans des mythes qui ne reposent pas sur des faits historiques en soi bien reluisants. La prise de la Bastille, entre autres. Pourquoi la droite s'en priverait-elle ? Des mythes concurrents étayés, enrichis, fabulés au fil du temps confèrent au clivage sa dignité. À chacun son imagerie, et la France pour tous ! Si le débat public se résumait à des controverses superficielles entre partisans d'un peu plus ou d'un peu moins d'argent public distribué aux frais du contribuable, personne n'y trouverait son compte. C'est l'impression que l'on ressent au spectacle du parisianisme politique quand la droite et la gauche croient devoir bricoler un « front républicain » dans le dos de leurs électeurs pour tenir le FN en lisière.

Or, aux obsèques de Philippe Muray, en l'église Saint-Pierre de Montmartre, des jeunes de la génération X pleins de ferveur attestaient de la pérennité du clivage. Ils sont « antimodernes », et se veulent volontiers réacs, sans être du tout attirés par les boutures insignifiantes de l'extrémisme des années sombres. Par nature, le réac est aux antipodes du « facho » et du gaucho, ces frères jumeaux qui se haïssent mais peuvent fort bien, quand l'Histoire se déchaîne, monter à l'assaut sur le même front révolutionnaire. Ne pas oublier que Doriot venait du communisme, Abellio du trotskisme, et qu'en Mai 68 il y eut des passerelles entre les deux extrêmes également hostiles au gaullisme. Une même psychopathologie éradicatrice peut fourvoyer le paumé en rupture de sociabilité ou en mal d'affectivité dans la violence meurtrière des anarchistes de la fin du XIXe siècle. Ou des kamikazes islamistes du début de notre siècle. À méditer.

Dans la maison de famille, Barbey est ce vieil oncle grincheux qui ne quitte plus sa chambre où s'entasse un bric-à-brac d'épées rouillées, de blasons élimés, de grimoires rongés par les souris. L'épée, le blason, le grimoire : choses d'antan, chères à la sentimentalité de la droite.

VI

Colombey

« Si rudes que fussent les réalités, peut-être pourrais-je les maîtriser, puisqu'il m'était possible, selon le mot de Chateaubriand, d'y mener les Français par les songes. »

De Gaulle, *Mémoires. L'appel, 1940-1942.*

« Vingt ans après », d'Artagnan va rechercher ses trois amis pour faire tourner à l'envers les aiguilles du temps et renouer avec l'allégresse de leurs tendres années. Les aventures à venir auront forcément un parfum de mélancolie : Dumas est lui aussi un héritier de Chateaubriand.

La solitude du héros

Douze ans après le Te Deum de la Libération à Notre-Dame, le 26 août 1944, avec Leclerc, de Gaulle ressasse sa mélancolie à Colombey-les-Deux-Églises. « La Boisserie », sa demeure, est banalement bourgeoise, sise sur une colline d'où se déploie un paysage de forêts sombres. Région pluvieuse et venteuse. Région de sang et de larmes, maintes fois saccagée par l'envahisseur. Longtemps il est venu de l'est. Les lieux sont propices à une méditation sur l'histoire de la France, sur les siècles des siècles et leurs au-delà. Clairvaux n'est pas loin ; les mânes de saint Bernard font escorte au retraité quand il arpente son parc enceint de hauts murs, une canne à la main. Domrémy est également dans les parages.

Gouverné à la godille par des socialistes, des radicaux, des MRP et autres gens de parti, menacé d'une insurrection par l'armée en Algérie, le pays se souvient vaguement avoir eu un vrai chef, membre d'aucun parti. Le RPF que de Gaulle avait lancé en 1947 se voulait mouvement plutôt que parti et tolérait la double appartenance. C'était une mauvaise idée, le RPF n'avait pas sa place dans un régime d'assemblée. Il a périclité et le gaullisme de la seconde moitié des années cinquante n'est plus qu'une nostalgie d'un âge d'or mythifié. Des résistants pour de vrai, des résistants pour l'honneur, il y en eut assurément, mais en petit nombre. Ils se sont multipliés après la Libération. Oublions les faussaires et les lâches « tondeurs » de l'épuration ; on les retrouve au long de l'Histoire dans tous les pays qui viennent d'être débarrassés d'un occupant.

Le général de Gaulle incarne depuis son appel du 18 juin à Londres le même mythe fondateur que Vercingétorix à Gergovie et Jeanne d'Arc à Orléans : la résistance à un envahisseur. Dumouriez l'aurait pareillement incarné à Valmy s'il n'avait déraillé par la suite. Le légendaire de tous les peuples de la terre offre une version de ce mythe. De Gaulle sait cela. Du temps s'est écoulé. La geste de ce presque fantôme a des allures de drame hugolien et les *Mémoires de guerre* qu'il vient de publier entretiennent un cousinage avec les *Mémoires d'outre-tombe* de Chateaubriand. Phrasé gothique, verdicts lapidaires. Lors d'une visite à Combourg, en 1949, il écrit sur le livre d'or que l'œuvre et la figure de Chateaubriand le hantent depuis l'âge de onze ans. Le sartrisme règne ; la droite littéraire est antigaulliste ; peu de critiques osent affirmer que ce récit donquichottesque est d'un authentique écrivain.

Malraux enluminera le mythe à titre posthume – *Antimémoires*, *Les chênes qu'on abat*... – et plus tard l'historial consacré à de Gaulle dans une aile de la cour des Invalides attestera son accession dans le ciel de la légende. Elle fait l'unanimité. Enfin, presque : les victimes souvent innocentes de l'épuration ne portaient pas de Gaulle dans leur cœur. Ni les pieds-noirs chassés d'Algérie – valise ou cercueil –, les harkis, les officiers qui ont fait le choix de l'insurrection et qui à droite seulement ont pu être compris, parce que la droite est trop polymorphe et trop polychrome pour être manichéenne. Elle sait que l'Histoire, dans ses moments de géhenne, pétrit les héros et les salauds dans la même glaise. Elle respecte le combat des soldats de l'An II et celui de la bande à Jean Chouan. Elle peut être gaulliste et respecter la mémoire d'un capitaine Sergent ou d'un commandant Denoix de Saint Marc. Un grand homme se définit aussi par ses ennemis et ces soldats-là n'étaient pas médiocres, quoi qu'on pense de la cause qu'ils ont défendue, à leurs risques et périls. Soldats perdus, cause insensée, honneur sauf et c'est cela qui compte.

Plus tard s'imposera un syncrétisme gaullien de basse saison englobant toutes les familles politiques, lepénistes et communistes compris. Gaullisme posthume de supermarché où le chaland s'approvisionne à sa guise. Sous la IVe République d'Auriol et de Coty, le gaullisme est une dissidence suspecte de velléités dictatoriales. De Gaulle n'a pas droit de cité à la radio ni à la télévision. Après la dissolution du RPF, la plupart de ses partisans sont convaincus que la solitude de Colombey sera son lot jusqu'à la mort. Les ambitieux vont à la gamelle sous casaque de « républicains sociaux », ce qui n'engage à rien : quel suicidaire se prétendrait antirépublicain et antisocial ?

Cependant, le régime vacille. À Alger, des officiers haussent le ton, et en métropole des gaullistes fomentent l'impensable : un retour du Général. Certains sont progressistes, d'autres conservateurs ; certains vont à la messe, d'autres bouffent du curé à tous les repas. Quoi de commun entre Guichard, Debizet, Debré, Delbecque, Foccart, Soustelle, Bénouville, Chaban-Delmas, Clostermann, Rémy, Comiti ? Rien, sinon le partage d'un désir : de Gaulle à la tête de la France, comme dans ce passé déjà brumeux où l'« armée des ombres » de Kessel faisait sauter des ponts entre les mailles de la France officielle, au risque de se retrouver dans une geôle de la Gestapo.

Dans les profondeurs du peuple français, les gaullistes sont eux aussi de tous les bords – et pour beaucoup d'entre eux, d'aucun. Ils n'aiment pas la France officielle ; elle ressemble comme une sœur à celle des années trente avec ses majorités d'une saison concoctées à la buvette de l'Assemblée. Ils ont rêvé de ce retour, chacun dans son coin, sans y croire vraiment. Certains voudraient que l'Algérie reste française à tout jamais, d'autres que leur fils crapahutant dans un bled lointain pour une cause improbable rentre à la maison, vivant si possible. D'autres encore, aussi nombreux, veulent la peau d'un parlementarisme de combinards, et des « élites » dans la foulée, les dignitaires de l'État, les magnats du capitalisme, les syndicats, les journalistes. Le gaullisme est l'auberge espagnole des Français qui chérissent une France imaginaire, cette « princesse », cette « madone » évoquée par le Général en prologue à ses *Mémoires*. La France est toujours une construction de l'imaginaire, toujours plus belle que nature, sans quoi elle ne deviendrait, comme d'aucuns le souhaiteraient, que la résidence européenne d'individus sans attaches dans l'abstraction d'un « droit du sol » interprété à la légère. Parodions Chardonne : « La France, c'est beaucoup plus que la France. » Le peuple ressent cela, avec son cœur et ses tripes ; les « élites », ça dépend, elles ont tendance à réduire leur pays aux acquêts d'une démographie, d'un PIB, d'une balance commerciale et autres considérations statistiques.

Un retour à la hussarde

Lorsque la classe politique, à grand regret mais transie de peur, prie de Gaulle de reprendre les rênes, le gaullisme devient l'effervescence d'un réseau de factieux plutôt qu'un projet politique. Place Royale, les mousquetaires ont juré de privilégier leur amitié, au détriment de leur positionnement partisan, Mazarin ou la Fronde. C'était une grave irrégularité, alors que le sang coulait et que les antagonismes mettaient en jeu le destin du royaume. Conservateurs, radicaux, démocrates-chrétiens ou socialistes, les fourriers du gaullisme nichés dans le système sont aussi des irréguliers. Le retour du Général sonnera le glas du régime, ils trahissent leur mère nourricière, la IVe République.

Printemps 1958. De Gaulle campe à Matignon avant de traverser la Seine pour trôner à l'Élysée. Il aurait préféré le château de Vincennes ou l'École militaire mais ses énarques l'ont convaincu que la symbolique serait mal perçue. Dommage. Il a respecté la lettre de la légalité « républicaine », mais après avoir prononcé dans l'hémicycle son discours d'investiture, il quitte l'Assemblée sans attendre le vote. Façon de dire que sa légitimité prend sa source ailleurs : Antigone et Créon se fondent en une seule personne. Crime de lèse-démocratie ? Dans sa chaumière ou son immeuble de banlieue, le gaulliste lambda s'en fiche éperdument. Il voulait le Général, il l'a, vive la France !

Dès lors et par étapes, se solidifiera le clivage entre les gaullistes… et les autres. Les termes « droite » et « gauche » ne sont pas encore d'usage, et de Gaulle trouvera dans les partis qui lui tirent dans les pattes de quoi bâtir des gouvernements à sa convenance. On trouve toujours et partout des candidats à un maroquin, même s'il ne s'agit, comme disait Chirac, que d'un secrétariat d'État aux choux farcis. Mais les communistes canonnent à boulets rouges, c'est le cas de le dire, sur l'« aventurier », le « dictateur », le « fasciste », et ils mobilisent des masses dans la rue. On lit « Heil de Gaulle ! » sur leurs affiches. Les unes de *La Dépêche du Midi*, organe du radical-socialisme languedocien, dénoncent le « coup d'État » avec non moins de virulence. Pour Mitterrand et Mendès France, à l'épicentre de la gauche modérée, de Gaulle impose bel et bien une dictature à la France. La droite plutôt atlantiste de Pinay et de Coty, ralliée en pinçant le bec, partagerait presque ce jugement. Néanmoins, c'est surtout une gauche très majoritairement communiste qui s'insurge. Et c'est à gauche, exclusivement, que se recrutent les « porteurs de valises » français du FLN algérien.

Par son style, le retour à la hussarde de De Gaulle est une aventure de droite, une version du retour de l'île d'Elbe où la DS noire a remplacé le cheval. Les institutions imposées par voie référendaire (des *pronunciamientos* à la Perón, clament les opposants) enracineront le clivage et Mitterrand saura en tirer toutes les conséquences avec l'Union de la Gauche, n'en déplaise à ses amis les châtelains de la Nièvre. Paris vaut bien une messe œcuménique concélébrée par le communiste Marchais et le radical Fabre devant le mur des Fédérés.

De Gaulle a eu des partisans à gauche, des ennemis à droite. Presque tous sont morts, et ceux qui ont versé une larme en voyant à la télévision le cercueil drapé de tricolore sur un char, à Colombey, le 12 novembre 1970, ont pris leur retraite. C'est la larme du grognard au garde-à-vous sur les berges de la Seine, elle vient d'une région de la sensibilité politique inaccessible à la politologie la plus éclairée. C'est la larme de Marianne effondrée devant un chêne abattu, sur le dessin de Faizant dans *Le Figaro* daté du 10 novembre 1970. Une Marianne qui, ce jour-là, est la double réincarnation d'Antigone et de Jeanne d'Arc.

Shakespeare, Nietzsche et Chateaubriand

C'est loin, 1970 ; les Beatles venaient à peine de se séparer et les dames commençaient tout juste à prendre la pilule avant de se glisser sous la couette. Colombey est devenu une escale touristique entre Paris, les caves de Champagne et les villages du vignoble alsacien. La croix de Lorraine géante érigée au bas de la colline signale aux visiteurs la « grandeur » d'un chef de l'Histoire de France. Quelle grandeur ? dans quel passé ? On ne sait plus, le règne de l'audiovisuel a concassé la mémoire en images qui défilent et se superposent. Un chef qui fut un soldat, voilà tout ce qu'on a retenu. « La Boisserie » complète le circuit des nostalgiques : la maison natale à Lille, Carlton Garden's à Londres, la case à Brazzaville, le bureau rue de Solférino avec la machine à écrire d'époque, la grève déserte devant Cashel House, cliché également d'époque à la une de *Paris Match.*

Les partis qui avaient soutenu de Gaulle de bon ou de moins bon gré ont oscillé après Pompidou entre la tradition colbertiste et un libéralisme ouvert sur l'Europe avant de se fondre en 2002 dans un calque approximatif de la CDU allemande ou des tories anglais sous emballage UMP. C'était un déni de mémoire : la droite française n'a jamais pu marcher sans clopiner que sur deux jambes et Bayrou a raison d'affirmer que le parti unique empêche la droite d'être à droite, et le centre d'être au centre. La France n'a pas la même histoire, donc la même culture politique, que nos voisins germaniques ou anglo-saxons. Le clivage n'a pas le même sens. Lorsque dans les locaux occupés par le groupe RPR à l'Assemblée il fallut, fusion avec l'UDF oblige, ajouter aux photos de De Gaulle et de Malraux celles de Robert Schuman et de Jean Monnet, un malaise s'en est suivi, chacune des deux familles a senti qu'elle n'était plus chez elle. L'élu RPR trinquait au gros rouge ou au Ricard, celui de l'UDF sirotait plutôt un whisky *on the rocks*, ça traduisait – entre autres symptômes – une différence moins futile qu'on pourrait le croire. Mieux vaudrait en tenir compte avant une recomposition qui tôt ou tard s'imposera.

Les partis de droite ont peu à peu rompu avec l'esprit du gaullisme, qui par définition n'était d'aucun parti, pour ne pas dire qu'il les récusait tous, sans exception. Ce serait absurde de le leur reprocher : le gaullisme était une attitude, l'expression d'une fierté patriotique, une mise en perspective historique de la décision politique, pas une doctrine. De Gaulle à l'Élysée fut d'un pragmatisme à la Richelieu. Sans lui, le gaullisme ne pouvait ressembler qu'à une de ces églises de notre patrimoine vouées à accueillir des concertistes ou à ébahir des touristes, une église profane où la lampe rouge du Saint-Sacrement a été remplacée par des panneaux à vocation didactique. Le mot « droite » a été adopté au début des années quatre-vingt par les adversaires RPR et UDF des socialistes, des communistes et des gauchistes additionnés d'écolos. Mais en se gardant de lui accorder des lettres de noblesse : « droite » voulait simplement dire qu'ils étaient moins étatistes, moins permissifs et plus sécuritaires que la gauche. « Les Républicains » et leurs adjuvants centristes de l'UDI en sont toujours là.

Pour les politologues, le gaullisme aura été une variante du bonapartisme, un césarisme légitimé par les urnes, qui a joué le jeu de la démocratie et restitué son prestige à la France en la gouvernant mieux qu'elle ne l'avait été depuis belle lurette. Il y avait de ça, incontestablement : de Gaulle fut un grand chef d'État. Il y avait autre chose que ça. Le mythe s'est évadé du carcan politique et, comme Napoléon, de Gaulle désormais n'appartient qu'à la France.

Force est de reconnaître cependant que les pèlerinages à Colombey n'attirent pas beaucoup les Français de gauche, encore moins leurs dirigeants. La gauche crédite de Gaulle de s'être opposé à Pétain, d'avoir combattu Hitler et mis un terme à la guerre d'Algérie. Rien de plus. Les ressorts de la nostalgie gaulliste sont de droite, indéniablement : exaltation d'une chevalerie (les Compagnons de la Libération), apologie de la « grandeur » (qui implique l'existence de l'« âme de la France »), romantisme d'une souveraineté ombrageuse et solitaire, dédain pour la tambouille parlementaire, religiosité catholique de facture médiévale, apologie des vertus militaires (le « caractère »), pessimisme actif (tout meurt, tout renaît). Quelque chose de Shakespeare et de Nietzsche, drapé dans un orgueil à la Chateaubriand.

VII

Le chevalier

« La vie est la vie, autrement dit un combat pour une nation comme pour un homme. »

De Gaulle, Vœux pour l'année 1965.

Décor : sables et rochers dans le désert de Libye. Silhouette maigre d'un homme coiffé d'un képi, appuyé sur une canne. On dirait une statue. Il s'est éloigné de son poste de commandement pour prier le Dieu de ses pères.

Depuis trois semaines ses hommes encerclent le fort ennemi après avoir pris le contrôle de l'oasis de Koufra. Troupe de fortune : des Africains animistes, des Senoussis musulmans, quelques officiers oubliés par les autorités officielles de Vichy dont un artilleur, le capitaine Ceccaldi, qui ne cesse chaque jour de déplacer son unique canon de montagne 75 pour donner le change aux Italiens.

2 mars 1941. Le commandant italien s'est résigné à capituler ; les soldats français hissent le drapeau tricolore. La veille, leur chef a pris le risque inouï d'entrer seul et sans armes dans le fort El-Tag où l'ennemi s'était replié, et de lui dicter les conditions de la capitulation. Koufra sera la première victoire des Forces françaises libres. L'homme à la canne qui, depuis Douala, première prise de guerre, a rameuté ses soldats pour associer l'Afrique centrale au combat contre Hitler et ses alliés, leur fait prêter ce serment désormais célèbre : « *Jurez de ne déposer les armes que lorsque nos couleurs, nos belles couleurs flotteront sur la cathédrale de Strasbourg.* »

L'honneur

Il s'appelle Philippe de Hauteclocque, alias Leclerc. C'est un hobereau picard de l'espèce la plus traditionnelle, un cyrard catho qui avait servi au Maroc et passait ses congés et ses perms à chasser le lièvre sur le domaine familial. Devise de la famille : *On entend loin Haulte Clocque*. Armoiries « portant d'argent à la croix de gueules chargée de cinq coquilles d'or ». La souche remonte au XIe siècle : des gentilshommes campagnards, des officiers qui ont payé très généreusement l'impôt du sang. Aucun courtisan signalé par les chroniqueurs à Versailles, c'est le titre de gloire familiale dont il se targue le plus volontiers.

Dans le château des Hauteclocque à Belloy Saint-Germain, on lisait le journal de Maurras et on n'aimait pas la « Gueuse », surtout depuis l'épisode du Front populaire. La « Gueuse », c'était la République dans le langage imprécatoire des monarchistes. Mais un officier se doit d'obéir à ses chefs en faisant fi de ses états d'âme.

Tout incitait Philippe de Hauteclocque à obéir au régime improvisé le 10 juillet 1940, au casino de Vichy, par un Parlement qui s'est dessaisi de ses pouvoirs pour les confier au maréchal Pétain.

Tout, sauf l'honneur. On lui a inculqué le sens de l'honneur, il ne peut pas y déroger. Il n'a pas accepté la défaite. La France est sous la botte de Hitler, le drapeau nazi flotte sur l'Arc de Triomphe, il faut continuer le combat. Cette évidence dénuée d'arrière-plan idéologique va l'acculer à rompre avec son milieu et sa culture pour devenir un irrégulier.

Blessé au combat, prisonnier des Allemands, il s'évade par deux fois, traverse la France à pied et à bicyclette avant de rejoindre Londres par le Portugal pour se mettre aux ordres de De Gaulle, qu'il ne connaît pas. De Gaulle pressent d'emblée que cet officier dont la tête est bandée sous le képi par suite d'une blessure a du caractère. Il l'envoie en Afrique, où Félix Éboué, gouverneur de l'A.E.F., futur premier Compagnon de la Libération, va animer le premier foyer de résistance sur le continent. Débuts équatoriaux de l'aventure héroïque du futur maréchal Leclerc. Douala, Libreville, Fort-Lamy, Koufra, la Tunisie, Alger, la 2e D.B., le débarquement en Normandie, Alençon, Paris, le Te Deum à Notre-Dame, la libération de Strasbourg (serment respecté), Berchtesgaden. Mort en Algérie, dans un autre désert, après une mission en Indochine où il avait fait preuve d'une lucidité politique exceptionnelle.

Leclerc est un chevalier des temps modernes. Sa geste s'inscrit dans une filiation véridique et légendaire qui, de Roland à Roncevaux jusqu'à Bayard à Marignan en passant par les croisés à Jérusalem et Jeanne d'Arc aux Tourelles, pérennise un mixte d'héroïsme aventureux et d'idéalisme empreint de religiosité. C'est ainsi que l'Histoire de France trouve sa vraie mesure : des faits attestés, sublimés par un récitatif poétique.

Guevara est un héros de la gauche internationale. Il a combattu jusqu'à la mort pour défendre un idéal révolutionnaire que sa légende ennoblit.

Leclerc est un héros de la droite. Il a combattu pour l'honneur, sans être sûr que son action en Afrique présentât un réel intérêt stratégique dans le maelström du conflit mondial. Ses soldats qui tuaient le temps à Fort-Lamy comme l'officier du *Désert des Tartares*, de Buzzati, n'en doutaient pas moins ; il ne cessait de les exhorter à la patience.

Leclerc est un héros particulièrement exemplaire car il a réussi à opposer à la tradition – valeur de droite en temps ordinaires, cultivée dans son milieu – une rébellion qui, par l'effet d'un faux paradoxe, respecte une tradition de plus haut étage : celle de la chevalerie.

Qu'est-ce que la chevalerie ? Une codification des pulsions guerrières, cautionnée à l'ère féodale par le rituel de l'adoubement avec l'aval de l'Église. Le chevalier s'engage devant Dieu et sur son honneur à ne pas achever l'ennemi désarmé, à épargner l'enfant, la femme, le vieillard et le stropiat, à secourir la veuve et l'orphelin et, bien sûr, à ne jamais se défiler.

Qu'est-ce que l'honneur ? Un défi sans témoin, une injonction qu'on ne s'adresse qu'à soi : placer la barre de son exigence à une certaine altitude et s'y tenir quoi qu'il en coûte. La placer plus haut que le bon sens, plus haut que la raison, plus haut que la morale apprise et admise. Plus haut et en toute gratuité ; on n'y gagne que le respect de soi.

Cette gratuité qualifie l'honneur comme la valeur cardinale de la droite. À gauche, l'action est assujettie à une finalité. Les guérilleros du « Che » avaient peut-être à titre individuel le sens de l'honneur, mais ils poursuivaient un objectif dûment théorisé par les penseurs de la révolution marxiste et partie prenante de la stratégie soviétique. Tandis que l'honneur se suffit à lui-même. La dignité et l'esthétique qu'il fonde dans le huis clos d'une âme n'ont aucune utilité.

« *Rodrigue, as-tu du cœur ?*

– *Tout autre que mon père / L'éprouverait sur l'heure.* »

Le point d'honneur exige que le Cid de Corneille venge l'affront fait à son père en tuant celui de Chimène – et tant pis si elle le hait. Tant pis et tant mieux : elle rejoint son amant en sacrifiant son amour au même devoir sacré de venger son père. Dans cette tragi-comédie où tout s'arrange par la grâce d'un roi bienveillant, l'orgueil du moi et sa souveraineté atteignent un point limite au-delà de l'égotisme exalté par Barrès.

Bien évidemment, c'est dans la région d'une droite idéale que l'honneur cornélien confère à l'aventure une noblesse particulière. Et c'est en grossissant le trait, pour obtenir un effet de symétrie, qu'on peut opposer une « droite » (les guillemets s'imposent) imbue du sens de l'honneur à une gauche qui reste associée à l'idée non moins respectable de justice sociale. La différence tient au préalable d'un projet : à droite il existe aussi, mais presque au titre d'alibi. On n'est pas moins attaché à l'amélioration du sort des humbles, pas moins sensible aux injustices, et en France il y a longtemps que la gauche a cessé de soutenir la lutte des sans-grade contre les magnats : Bernard Tapie, la figure la plus romanesque de l'ère Mitterrand, n'a rien du prolo insurgé contre le grand capital. Il n'empêche que, historiquement, la gauche fut en pointe dans les luttes sociales… avec une fraction des catholiques depuis le Sillon de Sangnier jusqu'aux prêtres-ouvriers. La droite ne peut rivaliser qu'en adoptant le modèle du chevalier en opposition avec le combattant révolutionnaire pour prétendre au match nul dans le combat des valeurs. Elle aurait été mieux armée dans celui des idées si dans les chambres des étudiants des années soixante le poster de Leclerc avait été punaisé comme celui de Guevara. Rien de plus important qu'une symbolique pour tapisser d'idéal un imaginaire à l'âge des grandes impatiences. C'est une absence totale de symbolique qui handicape la droite politique contemporaine, bien davantage que ses contorsions stratégiques et ses luttes de clans.

Le légionnaire

Printemps 1863, Camerone, un village mexicain accablé de chaleur. Repliés dans une hacienda, épuisés et souffrant de la soif, les restes d'une compagnie de légionnaires résistent à l'assaut de deux mille soldats de l'armée mexicaine. Ils sont soixante-trois. On sait que Napoléon III, désireux de prendre des positions sur le continent américain, a lancé une expédition pour sauver la mise de l'empereur Maximilien. Cette bévue géopolitique a tourné au désastre. Les légionnaires ne se battent pas pour l'Empereur. Ni même pour la gloire de la France, ils sont majoritairement étrangers. Ils se battent pour la Légion – et en l'occurrence ils sacrifient leur vie pour l'honneur car l'affaire est désespérée. Après des heures de combat, il ne reste que six survivants sans munitions. L'officier mexicain les somme de se rendre. Ils n'y consentent qu'à une double condition : qu'ils puissent secourir leurs camarades blessés et garder leurs armes.

Le baroud des légionnaires à Camerone a accédé à la légende. Un monument le commémore sur les lieux. Napoléon III a fait inscrire les noms des héros sur un mur des Invalides et depuis lors, chaque année, toutes les unités de la Légion célèbrent pieusement ce fait d'armes le 30 avril. Il en reste une sympathie pour le képi blanc. On aime voir défiler le 14 juillet sur les Champs-Élysées ce légionnaire de la môme Piaf qui « *sentait bon le sable chaud* ». Il ne semble pas qu'il ait jamais ensoleillé le cœur d'un militant de la gauche contemporaine : pour lui, le « sable chaud » sent la coloniale, horreur et damnation.

Entreprise et glorifiée par la gauche sous la IIIe République, l'aventure coloniale aura été un moment de notre destin national et, toute nostalgie bue, la droite n'a pas envie de le renier. Elle répugne à l'anachronisme, qui en jugeant le passé des hommes à l'aune des mentalités contemporaines déprécie leur histoire. La droite ne renie pas nos ancêtres. Elle a compris la maldonne du colonialisme, avatar parmi d'autres des prétentions de l'Occident à l'universalisme. Mais elle sait aussi que dans la moiteur des jungles africaines ou indochinoises, il y eut des médecins, des enseignants, des administrateurs, des officiers, des missionnaires, des explorateurs dévoués à leurs frères humains. Et même des martyrs, encore vénérés de nos jours par les autochtones. Sur le « sable chaud » de la chanson de Piaf, elle voit les traces des pas de Charles de Foucauld. Par amour pour Dieu, pour les Arabes, pour le désert, cet ancien officier longtemps en quête de son destin a cheminé vers le sacrifice suprême. C'était aussi un chevalier, un absolutiste de l'humilité conquise sur l'orgueil – de caste –, et les troubles de sa conscience résument l'équivoque d'une colonisation « idéale » qui eût exigé la conversion des musulmans. C'était impossible. Il ne lui restait qu'à les aimer, à les servir, à prêcher par l'exemple. Pour l'honneur.

Les Templiers

Suggestion pour les futures universités d'été d'un mouvement de droite : une escale à La Couvertoirade, sur le plateau du Larzac. C'est une ancienne commanderie des Templiers. À même le sol caillouteux, éparses et de guingois, des pierres tombales évoquent une aventure qui, comme toutes ou presque, fut exaltante, puis désespérante et vaine en fin de compte. De quel Orient chimérique revenaient ces morts anonymes ? À quoi s'accrochaient leurs rêves ? Au royaume de Dieu ? À la fortune et à la gloire ? Un peu de tout cela sans doute.

Guerriers sacrés voués à la protection du Saint-Sépulcre et des pèlerins en route pour Jérusalem, les Templiers ont tissé dans notre imagination un lien entre Ciel et terre, quête et conquête, Orient et Occident. Le mystère de leur puissance – trois mille commanderies en France –, la croix rouge, le manteau blanc, le gonfalon flottant, leurs faits d'armes, leur rivalité avec les Hospitaliers, leurs zizanies sanglantes avec les Teutoniques, l'ésotérisme (fantasmé) de leurs rituels, leur supposé trésor, la tragédie de leur chute finale, ce romanesque continue de nous fasciner. Nous prenons d'instinct le parti de leur chef supplicié, Jacques de Molay, contre Philippe le Bel, même si l'on admet que l'unité du royaume et l'autorité de l'État exigeaient la destruction de l'ordre.

Souvent, au hasard de son périple en France, on signale au touriste les restes d'une église ou d'une fortification érigée par les Templiers. À droite, ils éveillent une nostalgie des hautes époques où catholicisme et patriotisme cheminaient sur la même monture, armés du même glaive, animés du même idéal qui sublimait les ardeurs belliqueuses et les désirs qu'on imagine : un fief, de l'argent, une Shéhérazade ou plusieurs. On croit renouer avec une France d'enluminures commentées par la plume de Barbey d'Aurevilly.

Les envies de croisades ne sont plus de saison sous nos latitudes – et tant mieux, on tuait sans trop de vergogne en ces temps médiévaux. Mais trêve d'anachronisme : l'esprit de chevalerie n'est pas une posture désuète, et dans notre for intime les Templiers rendent le même écho mystérieux et pathétique que le Don Quichotte de Cervantès dans celui des Espagnols. La Reconquista dont ils s'enorgueillissent nous rappelle que la première croisade fut postérieure de trois siècles au djihad lancé dès la mort de Mahomet par ses disciples. À l'heure où un nouveau djihad prétend dicter une loi qui ne peut pas être la nôtre, une armature morale s'impose et celle des Templiers reste un modèle du genre. La droite a le droit de rêver d'une chevalerie, comparable dans l'esprit à l'ordre hospitalier de Saint-Jean de Jérusalem. Elle opposerait l'honneur de défendre ses valeurs fondatrices au matérialisme de la société de consommation. Si elle existait, l'islamisme radical ne nous ferait pas peur : l'Occident qu'il veut détruire, ses tueurs kamikazes le méprisent, convaincus qu'aucune valeur ne légitime notre mercantilisme, et que notre scepticisme nous fera baisser pavillon. Les bougies allumées sur la place de la République et autour du Bataclan sont un rempart d'une symbolique dérisoire face à des tueurs résolus au suicide ; le slogan « Je suis Charlie » sonne comme un aveu d'impuissance, car enfin la dérision est la marque de fabrique de cet hebdomadaire – et que nous restera-t-il pour nous défendre quand la dérision aura rongé les âmes jusqu'à leur moelle ? Le moulin à prières des chantres de la laïcité. Autant dire : rien, car personne n'ira risquer sa peau pour défendre la laïcité, cette divinité froide et décharnée. C'est dans les cœurs bien équipés en idéal que se forgent les victoires. Les Américains l'ont appris à leurs dépens dans les rizières de l'Indochine, les Anglais puis les Russes dans les montagnes de l'Afghanistan.

Tintin

Pas d'âge, pas vraiment de sexe, aucune convoitise ordinaire : Tintin est un ange ou presque. Curieux, aventureux, officieux, il semble venu du ciel pour défendre la veuve et l'orphelin. C'est un Don Quichotte en version francophone avec, en guise de Sancho Pança, un chien qui parle et qui raisonne. Il tire l'épée pour l'honneur, défie la morgue des puissants, la vénalité des colonialistes, protège les faibles et les opprimés. Farouchement anticommuniste (*Tintin au pays des Soviets*), proche de l'idéal du scoutisme (important dans sa formation), Hergé éreinte les satrapies latinos, les capitalistes yankees et les trafiquants à leur solde. Tintin incarne les valeurs d'une droite nullement cléricale mais imprégnée de morale évangélique, et qui ne se paie pas d'illusion sur la nature humaine. La monarchie d'Ottokar vaut mieux que la dictature rouge de Plekszy-Gladz, car le roi préfère abdiquer pour éviter que le sang ne coule tandis que, chez les Bordures staliniens, on flingue sans merci. Mais la crédulité, la stupidité, la cupidité humaine passent les frontières idéologiques. Un seul personnage de bon aloi dans *Tintin au Congo* : le missionnaire qui dirige l'école et soigne les malades. Prime à l'esprit d'enfance : le Tchang du *Lotus bleu*, le Zorrino du *Temple du Soleil* sont purs et innocents. En butte aux voracités des truands stipendiés par les multinationales, l'indigène ne tient jamais le rôle du méchant. Même s'il se conforme aux clichés d'une époque où les Belges de Léopold II exploitaient le Congo. Il faut la mauvaise foi de militants « antiracistes » pour exiger – contre le simple droit d'expression – le retrait de la vente de l'album *Tintin au Congo.*

Tintin est un chevalier, un cœur sans tache dans un corps invulnérable. Une grâce le tire des aléas les plus désespérés, comme les héros des chansons de geste du Moyen Âge. Il aime trop la vie pour être un saint et s'offre des plages de repos dans le havre bucolique de Moulinsart. Cet avatar de Cheverny, classicisme à la française, est comme le tabernacle d'un Graal. Mais il faut repartir pour terrasser le Mal, en glanant des bribes d'exotisme comme les croisés (sans leur bellicisme), comme les missionnaires (sans leur prosélytisme). Sans peur et sans reproche, hors la loi en tant que de besoin. Le Mal ne désarme jamais et la société n'a que des Dupont(d) ineptes à lui opposer (aujourd'hui, des technos et des experts).

Inculquer les valeurs de la chevalerie à la jeunesse n'est pas facile quand son environnement quotidien ne l'incite qu'à la vénération d'idoles dégoulinantes de fric et d'une vulgarité innommable, stars du foot ou du show-biz. Ce serait l'honneur de la droite de dénoncer les dommages causés dans les psychismes enfantins par la propagande de la société de consommation. Ce serait son devoir de contrer son impact en préconisant une pédagogie orientée vers l'idéal du dépassement, de la générosité, de la noblesse d'âme pour tout dire. Ce serait le rôle de ses chefs d'affirmer haut et fort qu'une « réussite » contresignée par un gros compte en banque n'est pas une panacée. Ils s'en gardent bien. En déclarant avec une candeur confondante que quiconque n'avait pas une Rolex au poignet à cinquante ans avait raté sa vie, Séguéla aura révélé l'assèchement moral de nos élites. Car ce publicitaire n'est ni un imbécile ni un sous-fifre. Il a pesé dans la vie politique, participant à la conception des campagnes présidentielles de Mitterrand, de Jospin, de Sarkozy. « Travailler plus pour gagner plus », le slogan de campagne de Sarkozy en 2007, était une proposition économiquement raisonnable, mais qui révèle une incapacité dramatique des ténors de la droite à viser plus haut que le porte-monnaie. Tous. Lorsqu'il parut évident que la vulgarité et la violence de certaines émissions de télé décervelaient les enfants, et fabriquaient à la chaîne des ego amoraux, cupides jusqu'à la frénésie, seule Ségolène Royal émit une protestation. Pas longtemps d'ailleurs, mais suffisamment pour marquer sa différence dans son propre camp.

VIII

Le panache

« Ralliez-vous à mon panache blanc, vous le trouverez au chemin de la victoire et de l'honneur. »

Henri IV, durant la bataille d'Ivry, 14 mars 1590.

Athos, Aramis, Porthos et d'Artagnan sont au siège de La Rochelle. Entre les murailles de la ville et le camp de l'armée royale s'érige le bastion Saint-Gervais. Nul ne s'y hasarde, on risquerait de se faire canarder par le huguenot rochelais et son allié anglais.

Le risque est le pain quotidien de nos mousquetaires. Pain et vin d'une griserie insoucieuse. Risquer sa vie au combat est inhérent au métier des armes ; la risquer par bravade est une coquetterie qui sort de l'ordinaire. Puisque personne n'ose monter sur ce promontoire, nos quatre lurons parient un repas arrosé avec des mercenaires suisses qu'ils l'escaladeront, et y resteront le temps d'un déjeuner.

Les voici au sommet du fort. On leur tire dessus. Ils répliquent, mais déjeunent de bon appétit. Pari gagné. Pour le panache. Pour montrer à des Suisses de quoi un Français est capable.

L'esthétique du défi

Une esthétique avant toute morale : posture de droite. Orgueil cornélien, défi enfantin. Toujours la gratuité. Toujours l'affirmation altière d'un moi qui se hausse du col pour le plaisir de défier l'ordre du monde. À gauche, on veut le changer sur des bases rationnelles. À droite, la vie étant un jeu et non une astreinte, elle se consume plutôt qu'on la consomme, et tant pis si une balle perdue nous aligne pour le compte, on aura au moins mérité l'estime de soi.

L'arrière-plan de cette attitude, c'est la certitude – douloureuse – que l'ordre du monde ne cessera jamais d'être violent, absurde, injuste et cruel. À droite on sait que l'arriviste, le faisan et le faiseur prendront toujours le pas sur l'honnête homme, quelles que soient les structures sociales. On ne renonce pas à les amender, mais faute de mieux on s'enrubanne de panache pour les narguer.

À droite, l'idée ne vaut que si elle émeut ou subjugue ; elle peut accompagner un acte, elle ne le précède pas et le style sera sa signalétique.

À gauche, des idées qui mobilisent, et toujours pour faire cortège à la course au progrès. Comme on y croit vraiment, on ne peut s'empêcher de mépriser un peu les incrédules : il y a dans l'attitude du militant de gauche le moins obtus, et plus encore de l'intellectuel, cette certitude de défendre l'empire du Bien contre l'esprit du Mal – et un tel but justifie tous les moyens. Comment expliquer autrement ce pharisaïsme qui pousse l'intolérance jusqu'à distribuer des bons points « républicains » aux politiciens de droite dociles à leurs injonctions, et des bonnets d'âne aux récalcitrants ? Sont-ils des saints, des héros ou des sages, ces meneurs d'opinion embusqués dans les médias, qui excommunient les hérésiarques du credo progressiste en se drapant de vertu « humaniste » – ce mot détourné de son sens pour endimancher leur conformisme ? Non. Ils sont les sentinelles de l'empire du Bien, les derniers récitants d'une vulgate à laquelle le haut clergé mitterrandien ne croyait déjà plus. Au moins donnait-il le change, parce que Mitterrand possédait le don d'esthétiser son cynisme.

Le pari des mousquetaires au bastion Saint-Gervais rappelle le sacrifice des cadets de Saumur en juin 1940.

La France a perdu la guerre ; ses « élites » politiques ont décampé vers Bordeaux dans un sauve-qui-peut lamentable. Tous, à de rares exceptions près. Tandis que l'on palabre sous les ors de la préfecture de la Gironde pour sauver les meubles, en l'occurrence des carrières, les cadets de Saumur réagissent comme Leclerc. Instinct autant que devoir, l'honneur leur dicte de résister – et ils périront sous les balles de l'ennemi au pont de Gennes, là où pourtant la Loire coule avec une telle douceur.

Beauté triste de cet héroïsme, héritier d'un panache à la française qui vient de loin, « Messieurs les Anglais, tirez les premiers » à Fontenoy, « Merde » de Cambronne à Waterloo. « *French flair* », « *furia francese* » : par ces clichés l'étranger rend un double hommage à notre art de doser l'élégance morale et l'astuce.

Cyrano

Panache non moins sacrificiel, et comble d'élégance : le *Cyrano de Bergerac* de Rostand.

> « *Moi, c'est moralement que j'ai mes élégances.*
> *Je ne m'attife pas ainsi qu'un freluquet,*
> *Mais je suis plus soigné si je suis moins coquet ;*
> *Je ne sortirais pas avec, par négligence,*

Un affront pas très bien lavé, la conscience
Jaune encore de sommeil dans le coin de son œil,
Un honneur chiffonné, des scrupules en deuil.
Mais je marche sans rien sur moi qui ne reluise,
Empanaché d'indépendance et de franchise ;
Ce n'est pas une taille avantageuse, c'est
Mon âme que je cambre ainsi qu'en un corset,
Et tout couvert d'exploit qu'en rubans je m'attache,
Retroussant mon esprit ainsi qu'une moustache,
Je fais, en traversant les groupes et les ronds,
Sonner les vérités comme des éperons. »

Voilà une tirade que l'on devrait prescrire dans les officines droitières en parallèle avec celles du *Cid*, au lieu de déshonorer notre langue avec les patois socio-culs ou énarchiques. Toute une éthique coule dans cette tragédie décriée en son temps par l'écrivain de gauche Romain Rolland : oubli de soi, insolence, apologie de la féminité, soumission stoïque à la maldonne du destin. Toute une grandeur d'âme dans cette pudeur du désespoir.

Mermoz

Le panache comme antidote à l'ennui des « temps ordinaires » : Jean Mermoz, le champion de l'aéropostale, mort le 7 décembre 1936 aux commandes de son avion *La Croix du Sud* quelque part dans l'océan Atlantique. Toujours le risque solitaire, toujours l'exigence de surpassement. Moi plus haut que moi. Rien à voir avec le nietzschéisme, même si la lecture de Nietzsche, au sortir de l'adolescence, rémunère confusément une aspiration à l'exil intérieur sur une cime. Ce vertige de l'altitude, cet appel de la solitude, la gauche s'en méfie. Elle y décèle – à juste titre – un aristocratisme de la révolte inconvertible en activisme révolutionnaire. Aristocratisme à la portée de tous les milieux sociaux : la vie de Jean Mermoz fut une galère de fils privé de père avant de basculer dans l'épopée romanesque et la tragédie finale, avec le double appel de la vie à grandes brides et du repli méditatif, stylo à la main. « *L'accident, pour nous, ce serait de mourir dans un lit.* » Sa mort a consacré la légende de l'aéropostale : l'hôtel du Grand Balcon à Toulouse, l'hôtel de la Poste à Saint-Louis du Sénégal, la formule célèbre de Guillaumat, « *une bête ne l'aurait pas fait* ». Le risque était leur élégance, ils vivaient en funambules sur le fil d'une exigence à vrai dire innommable, pas loin du mysticisme.

La IIIe République a consenti à Mermoz des obsèques nationales, ce qui est méritoire car il lui vouait un solide mépris. Écœuré comme tant d'autres par la déliquescence du régime parlementaire, déçu par la normalisation de l'aviation marchande, il devient le porte-drapeau des Volontaires nationaux, et adhère aux Croix-de-Feu du colonel de La Rocque. C'est la droite dite d'« ordre », à base d'anciens combattants de la Première Guerre mondiale. Mermoz sera même, juste avant de mourir, un membre fondateur du PSF (Parti social français), fondé par La Rocque après la dissolution des Croix-de-Feu par le Front populaire et dont le programme préfigure à beaucoup d'égards celui du futur RPF de De Gaulle.

Des idéologues de gauche déroutés par cette nouveauté – un parti de masse et de droite avec plus d'adhérents que la SFIO et le PCF réunis – ont cru y déceler des tendances « fascistes ». En réalité, le PSF a focalisé dans le bourbier politique des années trente l'amertume des anciens poilus et le désarroi d'une jeunesse en panne d'idéal. Paternalisme social (à coloration chrétienne), conservatisme moral, hostilité au parlementarisme, au communisme, au socialisme mais tout autant au fascisme et au nazisme, et pour des raisons identiques, farouchement germanophobe, ce mort-né de la droite bonapartiste à consonance boulangiste n'a cédé à aucune des sirènes totalitaires. La Rocque a constamment réaffirmé son légalisme républicain. Dès les émeutes du 6 février 1934, il avait mis en garde ses troupes, impatientes d'en découdre, contre la tentation insurrectionnelle à laquelle étaient prêts à succomber les « camelots du roi » de Maurras et les crypto-fascistes de Doriot. Mise en garde réitérée sous le Front populaire. Brièvement rallié à Pétain après l'armistice, comme la plupart des Français, surtout les anciens combattants de 14-18, La Rocque a rejoint un réseau de résistance en juin 1942. Il fut arrêté, incarcéré puis déporté en Allemagne.

C'était au bout du compte un homme fort honorable. Mais pas un héros, et son parcours ne doit pas inspirer la droite française : la fusion d'aspirations et d'humeurs si disparates dans un parti de masse la défigure. C'est par des canaux plus discrets qu'elle peut imprimer son influence. Aujourd'hui, c'est au travers de publications, des réseaux sociaux, des clubs de pensée qu'elle modifie le paysage mental. Malheureusement, un laps de temps sépare l'émergence d'une sensibilité et sa prise en compte dans la sphère politicienne. Ainsi la gauche dite « soixante-huitarde » a-t-elle conquis le pouvoir intellectuel bien avant que Mitterrand n'ait pu installer ses acteurs au sommet de l'État.

Du reste, ce n'est pas au titre d'icône d'un parti que Mermoz mérite sa place au panthéon de la droite ; d'autant qu'il n'a pas eu le temps d'assister à son enlisement. Il y avait de l'idéal et du ludisme d'enfant dans son intrépidité, comme en témoigne cette confession lapidaire à son ami et biographe Joseph Kessel : « Tu sais, je voudrais ne jamais descendre. »

Ainsi résume-t-il son art de vivre à un autre bel aventurier qui s'illustra aux commandes d'avions (14-18, 39-40, Résistance) et mérite pareillement une place d'honneur au même panthéon. Co-auteur du *Chant des Partisans* avec son neveu Druon, cet écrivain superbe, méjugé par l'intelligentsia, délivre au hasard de ses reportages et de ses romans une leçon d'existence à la mousquetaire. Les personnages portraiturés par Kessel dansent autour de son moi fastueux la plus endiablée des sarabandes.

Le Petit Prince

Grand ami de Mermoz, Antoine de Saint-Exupéry était lui aussi un aviateur passionné, respectueux des humbles vertus inhérentes à ce métier qui exigeait en son époque pionnière le souci méticuleux du détail technique et le sens de la mesure dans la prise du risque. Comme Mermoz, il a connu les atterrissages impromptus dans le désert – et de cette solitude dont l'aviateur se grise, là-haut, il a tiré la plus haute morale. Elle culmine en apologie de l'esprit d'enfance dans *Le Petit Prince*. L'esprit d'enfance des Évangiles, suprêmement grave et lucide, tout le contraire de l'infantilisme des adultes. Comme par hasard, Kessel a lui aussi donné avec *Le Lion* un livre où le même esprit d'enfance nous entraîne sur le chemin de l'innocence perdue. Avis aux parents : un collégien qui a lu et aimé ces deux livres avant de s'évader au lycée avec *Les Trois Mousquetaires* ne sera jamais de gauche. Les livres ont une importance majeure aux âges où s'échafaude un imaginaire. À l'époque de la guerre froide, les ados français qui trompaient leur fringale d'aventure avec le *Bob Morane* d'Henri Vernes étaient immunisés – sans le savoir – contre la propagande communiste.

Les lecteurs de Saint-Ex sont immunisés contre toute propagande. Il a exalté la dignité de l'homme dans *Citadelle*, somme inachevée dont on ressort lavé des scories qui encrassent nos âmes. Dans ses romans exempts de la moindre boursouflure – le mot précis, en aviateur consciencieux, dans sa magnifique *Lettre à un otage* – la noblesse, la beauté, l'ivresse sacrée d'une vie d'homme érigent la conscience de soi en un humanisme sans flonflons, où l'amitié tient une place éminente. Œuvre austère, à l'opposé des frivolités charmeuses des écrivains de la droite dite « hussarde ». La sienne est pascalienne et racinienne : Dieu ou le néant ; le tragique ou l'insignifiance.

Ses exploits de pilote de l'Aéropostale sont célèbres, ainsi que sa mort en soldat français le 31 juillet 1944, au large de la Corse. Il n'aura triché durant son existence que pour obtenir de vraies missions de combattant en dépit de son âge et de ses blessures. Son absolutisme moral, assez voisin de celui de Leclerc, l'avait éloigné des milieux où l'esprit de résistance était verbeux (à New York), ou bien politicien (à Londres, à Alger). Antinazi, antipétainiste, pas gaulliste. Irrécupérable. Seul à seul avec ses exigences, son culte de l'amitié, un mysticisme étrange où transcendance et immanence se tendent une main toujours amoureuse, toujours fraternelle.

C'était un chevalier adoubé dans l'azur par un petit prince qui trouvait les grandes personnes ennuyeuses et vaines.

Roland Garros et Guynemer

Dans le même ciel des belles légendes françaises, Roland Garros s'est signalé par un florilège d'exploits. Génération venue à maturité en 14-18. « *Ciel, amour, liberté...* » : il y avait du Rimbaud chez ce songeur éveillé. Sa vie fut brève et échevelée, Kessel aurait pu la raconter : des meetings, des records. Cocteau, qui l'admirait éperdument, lui dédia un poème. Isadora Duncan dansait quand il jouait du Chopin. Elle dansera pour lui place de la Concorde, pendant la Première Guerre mondiale, au cours d'une alerte aérienne : « *Lui, assis sur la margelle d'une fontaine, m'applaudissait, ses yeux noirs mélancoliques brillant du feu des fusées qui tombaient et explosaient non loin de nous.* » Elle ajoute ceci dans son autobiographie : « *Peu après, l'Ange des Héros l'a saisi et l'a transporté ailleurs.* »

Car Roland Garros est mort pour la France le 5 octobre 1918, dans le ciel des Ardennes, en pourchassant des avions allemands. Il avait repris le combat après une évasion en 1917 à travers l'Allemagne qui inspira Renoir dans sa *Grande Illusion.* Comme Saint-Ex dans la guerre suivante, il a menti sur son état pour remonter au ciel et y défendre sa patrie. Roland Garros, c'est le panache dans toutes ses reluisances.

Georges Guynemer l'avait précédé d'une année dans la mort. C'était aussi un fou d'héroïsme, un fou de panache ; comme Roland Garros, il aimait voler pour le vertige du dépassement. Ses records, ce furent des avions allemands abattus, et plus l'opération était risquée, plus il s'enivrait d'une joie enfantine. Mort pour la France dans le ciel de Flandre le 11 septembre 1917. Il n'avait pas tout à fait vingt-trois ans.

« As des as », « Ange de la mort » : ces nobles figures de l'aviation étaient d'un temps où les pilotes ne faisaient pas toujours de vieux os. Les pilotes ne sont plus des héros. C'est ailleurs que l'on peut habiller sa vie de panache, à condition d'être habité par l'idéal d'une mission. Ne pas confondre mission et « conviction » ; l'une est empreinte de spiritualité, l'autre s'en tient à la rationalité : illustration parmi d'autres de ce qui distingue l'esprit de la droite et la conscience de gauche. L'aéropostale convoyait un rêve de rapprochement entre les hommes et, pour Saint-Ex, Roland Garros et Georges Guynemer, l'avion devint l'arme d'un combat pour la défense de la patrie.

L'habit de lumière

Le panache est l'habit de lumière d'Arsène Lupin, ce fils de personne qui cambriole un ordre bourgeois à son zénith avec des manières de clubman et la mélancolie d'un Oscar Wilde. Une anglomanie d'époque, qui le rapproche de Coubertin, campe en gentleman ce mousquetaire égaré dans un mauvais siècle. Mais c'est dans les replis d'une Normandie idéalisée que cet irrégulier signe ses exploits, et ses spleens d'amoureux souvent floué sont les héritiers tardifs de notre romantisme. Il aurait pu croiser Barbey d'Aurevilly sur la route de Valognes. Bien qu'il défie ouvertement les lois et mœurs de la bourgeoisie, la gauche ne peut s'en réclamer : c'est pour s'approprier une esthétique nobiliaire, pour se blasonner, pour s'adouber qu'il cambriole des objets d'art dans les châteaux. Arsène Lupin est un héros réactionnaire, au sens où le mot s'entendait en son temps ; il cultive le regret d'un aristocratisme aussi imaginaire que celui des Guermantes selon Proust. Il vole ce qui lui appartient en vertu d'une juridiction également imaginaire, la morale amorale auto-décrétée par sa formidable volonté de vivre. Il vole en respectant le code d'honneur des chevaliers. Il vole élégamment, et ne trucide pas. Il vole en sportman désireux de monter sur les plus hautes marches du podium pour s'éprouver, pour séduire la femme qu'il aime, fût-elle comme la Cagliostro une émule de Milady. Il vole pour vivre en gentilhomme à contretemps, donc dans les brumes d'une *nostalgie*. La maestria dont il auréole ses coups d'éclat, le panache dans sa gratuité sont peut-être l'expression spontanée – et désespérée – d'un refus d'avaliser la norme. « *Le monde ne vaut que par les extrêmes, et ne dure que par les moyens* », écrivait Valéry. Il vaut par les écarts, il dure par la norme – et plus elle est rigoureuse, plus la dissidence a de sens. De valeur. De dignité. La dissidence antibourgeoise des bohèmes et des pâmés de la Belle Époque avait un sens, celle des soixante-huitards n'en avait plus beaucoup, parce qu'entre-temps le moralisme bourgeois avait périclité. Dans les marges de l'ordre social, des insoumis se cherchent des complices pour détruire la norme en vue d'instaurer un autre ordre social. Ceux-là sont de gauche. Dans les mêmes marges, des solitaires improvisent leur mode de dissidence en vue de témoigner que le Bien, le Beau, le Vrai et le Juste ont droit de cité, ici et maintenant, quel que soit l'ordre social. Ceux-là sont de droite.

IX

La désinvolture

« Sept cavaliers quittèrent la Ville au crépuscule, face au soleil couchant, par la porte de l'Ouest qui n'était plus gardée. Tête haute, sans se cacher, au contraire de tous ceux qui avaient abandonné la Ville, car ils ne fuyaient pas, ils ne trahissaient rien, espéraient moins encore et se gardaient d'imaginer. Ainsi étaient-ils armés, le cœur et l'âme désencombrés scintillant froidement comme du cristal, pour le voyage qui les attendait. Sur l'ordre du margrave héréditaire, simplement, ils allaient, ils s'étaient mis en mouvement et le plus jeune d'entre eux, qui n'avait pas seize ans, fredonnait une chanson. »

Jean Raspail,
Sept cavaliers quittèrent la Ville au crépuscule par la porte de l'Ouest qui n'était plus gardée.

La droite étant d'abord un état d'esprit, elle ne se réfère pas à un système comme les théoriciens contre-révolutionnaires qui ressemblent aux idéologues de l'extrême gauche. Comme eux, ils croient que le Mal résulte de structures sociales défectueuses, en l'occurrence la désintégration de l'ordre monarchique cautionné par la religion qui protégeait les individus en encadrant leur existence. Remettons le clocher au milieu du village, le château sur les hauteurs, les corporations dans la boutique et à la grâce du Dieu de Bossuet. Alors, la France redeviendra ce paradis perdu depuis que les Capétiens ne sont plus sur leur trône. L'utopie traditionaliste projette l'âge d'or dans un passé mythifié. Elle est la sœur siamoise de l'utopie communiste, qui la parachute dans le futur, en faisant crédit à la bonté naturelle de l'homme, postulat rousseauiste cofondateur de la pensée de gauche avec le scientisme des encyclopédistes.

La menace de Frankenstein

L'homme n'est pas bon et ne le sera jamais. La lutte des classes – ou des castes – n'aura jamais de cesse. Ni la lutte des « moi », ces coqs dressés sur leurs ergots, dès la prime enfance, à moins d'imaginer une lobotomisation des cerveaux pour accoucher du *Meilleur des mondes* de Huxley ou du *1984* d'Orwell. Deux versions d'une utopie qui pourrait assez légitimement être qualifiée de socialisme intégral : le moi réduit à l'état d'atome dans une société pacifiée par l'assistanat, la consommation et les neuroleptiques. Un moi « émancipé » des déterminations qui jusqu'alors emmêlaient l'espérance et l'angoisse, la liberté et les servitudes inhérentes à notre condition. Un moi soustrait à ses racines spirituelles, avec le risque de se voir confronté au monstre de Frankenstein cauchemardisé par Mary Shelley. Ce n'est pas un fantasme d'auteur de SF. Le théologien protestant et philosophe Jacques Ellul s'attachait déjà, dans les années cinquante, à démontrer que toute découverte scientifique ouvrant la possibilité d'une application technique serait utilisée, pour le meilleur et pour le pire. L'atome, c'est l'électricité, mais aussi la bombe. Le pétrole, c'est la route de Kerouac ouverte à nos fringales d'échappées belles, mais aussi la pollution et les guerres au Moyen-Orient. De PMA en GPA et en recherches sur les embryons humains, en attendant d'autres trouvailles, la technique continue de progresser, et les scientistes de militer pour l'avènement d'une humanité sans attaches « naturelles ». Sans filiation.

L'idéalisme de droite préfère miser sur l'aspiration des âmes à prendre un peu d'altitude, chacun se coltinant avec ses propres mauvais instincts. Il ne croit qu'à la perfectibilité relative de la personne. S'il ne croit plus au péché originel de la théologie chrétienne, il croit à l'existence d'un Mal ancré dans la nature humaine – ce Satan qui dans la pensée de Girard n'est pas l'être cornu et armé d'une fourche de la démonologie médiévale, mais un mécanisme psychologique. Admettons l'hypothèse d'une conversion universelle à la sagesse et à l'altruisme ; alors peut-être, la société à venir serait un peu moins moche. Peut-être.

L'homme de droite n'est pas moins révolté que l'homme de gauche face à l'injustice et à la cruauté. Il convertira éventuellement sa révolte en action, mais sans l'enrégimenter dans un projet révolutionnaire. Il peut haïr la société ; il peut cultiver le pessimisme le plus noir ; il aime la vie au naturel, et le bonheur auquel il aspire, c'est *hic et nunc.*

À gauche, on attend les « lendemains qui chantent ». On a embarqué dans le train du devenir ; la vraie vie commencera au terminus, dans cette *terra incognita* sans frontières où l'homme sera affranchi de ses vieilles servitudes. Ce mirage paradisiaque, la droite l'a démystifié. Les « lendemains qui chantent » ne savent que des airs militaires et on n'a pas très envie de les entonner en marchant au pas de l'oie. On préfère baguenauder hors circuits balisés, quitte à encourir le reproche d'individualisme.

À gauche, des projets cuits à l'étouffée dans des bouillons de culture « contestataire » ; à droite, pas de projets tirés au cordeau de la raison raisonneuse : la *désinvolture* d'âmes déchirées mais enclines à prendre du bonheur comme on investit une citadelle, par surprise, entre les lignes du destin. Le vrai bonheur, enfant naturel de poésie et de bohème, plus fort que la raison, plus fort que la désolation.

À gauche, des sociologues qui saucissonnent l'humain en instances mesurables ; à droite, la certitude que l'humain échappe au quantitatif par les portes dérobées de ses désirs, de ses aspirations, de ses hantises. Le magma en fusion dans les sous-sols de sa conscience reste un mystère, même si Freud s'est risqué à son décryptage, non sans avoir tergiversé dans leur interprétation. Il y aurait à définir un freudisme de droite, opposable à celui de gauche illustré par Élisabeth Roudinesco.

Les « hussards », anars de droite

À gauche, les « sciences humaines » avec leurs monceaux de statistiques. À droite, des écrivains à l'écoute de leur intériorité. Au début des années cinquante, alors que sévit l'engagisme sartrien en renfort du terrorisme stalinien et que la littérature française, prise au collet par les « sciences humaines », s'exténue dans les grisailles du « nouveau roman », une floraison d'écrivains a opposé à la froidure de l'air du temps une allégresse d'insoumis. La plume malicieuse de Bernard Frank les qualifia de « hussards » dans la revue de Sartre, *Les Temps modernes.* Façons de dire qu'ils n'étaient pas les fantassins des légions « progressistes ». Déon, Laurent, Blondin, Nimier sont devenus un quatuor de référence ; mais on en croise d'autres dans leur sillage : Marceau, Hædens, Raspail, Dutourd, Mohrt, Vandromme, Perret, Vidalie, Fallet, Huguenin, Vialatte, Simonin, La Varende, Boudard, Christine de Rivoyre. Autant de plumes vagabondes écloses dans le giron d'aînés prestigieux – Morand, Chardonne, Giraudoux, Cocteau, Berl, Montherlant, Aymé, Jouhandeau, Léautaud, Drieu, Giono, Rebatet, Brasillach. Ces deux listes délibérément surchargées, encore que non exhaustives, témoignent d'une fécondité créatrice dont un étudiant en lettres ne sera jamais instruit : les auteurs cités figurent rarement dans les programmes scolaires ou universitaires. Les programmes, ce sont des fonctionnaires et des syndicalistes de gauche qui les concoctent.

Faute d'appréhender clairement ce qu'ils avaient en commun, on décréta ces écrivains « anars de droite ». Ils se ressemblaient peu. Un voyage dans leur imaginaire nous promène de la ville à la campagne, des langueurs provinciales aux fièvres parisiennes, des patriciens aux gens de peu, des songeries sédentaires aux excursions dans les confins. Ils n'ont partagé qu'une allergie hautaine, narquoise ou primesautière à l'engagement, et une approche intimiste de la culture : chacun la sienne, affaire privée comme l'amour, l'amitié, la contemplation, la prière. Leurs « maisons de la culture » étaient des club-houses, des bars-tabacs, des auberges où les vins ont l'accent de leur terroir. Pas de « socio-cul », pas de colloques, une érudition à la légère, un savoir qui a picoré dans les bas-côtés de la culture universitaire, beaucoup les anciens, un peu les modernes, un peu de philo pas trop sorbonnarde, mais aussi la mode, le sport, les paysages. Une culture baladeuse et voyageuse, jamais cafardeuse. Pas de « prise de tête », comme on dit communément.

Presque tous souffraient d'une blessure initiale. Plus ou moins influencés par Maurras avant la guerre, les « hussards » se sont sentis mis hors jeu par l'Histoire, dès la Libération. Quelques-uns de leurs modèles s'étaient carrément dévoyés dans la collaboration, par haine de la « Gueuse », des Américains ou des Anglais et dans une hystérie antisémite consternante. Certains, pas tous. La correspondance Chardonne-Morand, publiée récemment – un régal littéraire –, révèle des extravagances auxquelles on ne saurait souscrire. Si l'on s'en tient à leur jugement sur l'histoire de leur époque, on est pétrifié par un aveuglement politique qui confine à la pure stupidité. Ils n'ont voulu voir que les vilenies (patentes) de l'épuration, avec cette traque aux collabos de plumitifs autoproclamés « résistants » après la Libération, et qui réglaient leur compte à la concurrence.

Pour aggraver leur cas, les « hussards » ont frayé avec l'OAS lorsqu'il fut acquis que l'Algérie serait un pays indépendant. C'était déraisonnable. À la lumière de l'histoire la plus récente, on imagine ce qui adviendrait de notre pays si l'Algérie était restée française avec cent et quelques députés plus ou moins islamistes siégeant à l'Assemblée nationale.

Un lecteur de droite passera outre des préjugés d'époque et de milieu pour savourer des saisies qui, avec la pudeur de l'ironie, emmêlent le bonheur d'exister et le tragique de la condition humaine. Les « hussards » n'étaient pas portés sur la religion et la plupart préféraient Stendhal à Balzac, pourtant le romancier le plus foncièrement de droite après Chateaubriand, avant Barbey. L'esthétisme des uns, le dandysme ou l'hédonisme des autres frôlaient le nihilisme sans éviter quelquefois les enfantillages du snobisme. Ils le surjouaient à l'occasion pour mieux s'exposer aux aigreurs de leurs adversaires progressistes. Quitte à sortir des clous, autant être maudit pour de mauvaises raisons. Si tant est que les parentés aient un sens en littérature, on repère des affinités avec Roger

Vaillant, avec les premiers romans de Sagan et de Nourissier, avec l'Aragon d'*Aurélien* plutôt qu'avec Bernanos, Claudel ou Mauriac. Chacun sa droite, et ses affinités avec des écrivains de gauche – mais tous ont refusé de s'enrégimenter dans l'« empire du Bien », à l'occasion jusqu'à l'inconséquence.

À gauche, la foi « progressiste » qui occulte l'insurmontable tragédie du destin de l'homme : étreindre l'existence sans le préalable d'un projet est un péché contre l'Histoire. La gauche se laisse porter par le vent de l'Histoire (« *comme un chien crevé au fil de l'eau* », écrivait Bernanos avec sa violence coutumière).

À droite, des histoires, au pluriel et sans majuscule. L'amour éperdu, et tant pis s'il nous dévaste. L'amitié au débotté, comme les mousquetaires, et tant pis si une trahison nous tire dans le dos. Il y aura toujours des traîtres, des salauds, des vénaux, des lâches et des cons. Toujours ou presque l'imposture parviendra à ses fins. Autant en prendre son parti, et jouir éperdument, inconsidérément, du soleil qui brûle, de la pluie qui gifle, des pleins étés où les apéros s'éternisent et des nuits d'hiver où le vent hurle derrière les carreaux.

Autant jouir de la vie en déconnant pour mieux cacher ses larmes tel Blondin dont la mélancolie était inguérissable. La vie, Belmondo l'a toréée dans *Un singe en hiver*, sous le regard approbateur de Gabin. La plume de Blondin, les dialogues d'Audiard, la gouaille prolo et aristo de Gabin, c'est la droite anar faisant la nique à l'existentialisme. On la retrouve dans les films d'après-guerre de Verneuil, de Lautner, d'Autant-Lara et de La Patellière, dans les chansons de Brassens ; elle survit aujourd'hui autour de Jacques Mailhot dans les sketches des chansonniers du Théâtre des Deux Ânes.

Jouir de la vie, non « sans entraves » (le slogan de Mai 68) – mais justement parce qu'elle sera, jusqu'à la consommation des siècles, un *jeu* tragique avec les risques d'échecs ou de pannes de bonheur liés à nos ambivalences.

Coubertin, Anquetil, les frères Boniface… et Mitterrand

Les sports ont été conçus et codifiés par la gentry victorienne à l'apogée de l'ère impériale pour tremper le caractère de ses écoliers. Mais c'est un Français, le baron Pierre Frédy de Coubertin, qui ressuscita l'esprit des Panathénées en organisant les Jeux olympiques. Épousailles tardives de l'humanisme grec et de l'esprit de chevalerie occidental.

Historien et pédagogue, Coubertin a milité pour l'introduction du sport à l'école et le développement du scoutisme laïc avant que son parcours se confonde avec l'histoire de l'olympisme moderne. Rallié à la République (contre son milieu familial, comme Leclerc), cet aristo a tenté, avec un succès inégal, de la convertir à l'approche britannique du sport, contre une tradition militariste héritée de l'Empire et adoptée par la IIIe République qui privilégiait la gymnastique sous les préaux. Une, deux, une, deux.

Fair-play, émulation fraternelle dans le respect de l'adversaire, consentement à l'inégalité (que le meilleur gagne !), culte rendu au corps en tant que réceptacle de l'âme : le sportman selon Coubertin est appelé à se surpasser en toute gratuité. Pas un fifrelin s'il gagne, rien qu'une couronne de laurier. S'il perd, il lui restera l'honneur d'avoir participé. Il aura connu en concentré l'angoisse vertigineuse de la solitude et une gamme d'émotions qui l'intronisent dans une gentilhommerie, une noblesse sans préalable social mais une noblesse, et ce mot n'a pas bonne presse à gauche. Il « discrimine ».

Le sport discrimine, comme toute compétition. Il sélectionne, hiérarchise et élimine. Ses vertus n'ont plus cours dans la sphère professionnelle où prime la performance quantifiable… et rémunérée. La société du spectacle mondialisée a fait main basse sur le sport pour produire du fric en surexcitant les supporters. Gorgées de lumière, les arènes ovoïdes où se représente aujourd'hui la dramaturgie humaine sont belles, et les ballets des démiurges cousus d'or qui défient la pesanteur nous saturent d'émotions. Mais par son emprise sur les imaginaires, le sport est au cœur d'une idéologie néo paganiste qui assujettit le politique et métamorphose le monde en une série ininterrompue de jeux de hasard dans un stade géant. Coubertin aurait détesté ce passage des Panathénées aux jeux du cirque romain. Il aurait dénoncé l'amoralisme des officiels du foot professionnel et des politiques français qui, tous, ont couvert la tricherie d'un international offrant à la France le but de la qualification contre l'Irlande à la suite d'un amorti de la main. Cet épisode en dit long sur ce qu'on peut attendre de nos « élites ». Pionnier d'un universalisme de bon aloi, Coubertin incarne un idéal où l'esthétique de Phidias et la désinvolture du sportman à la britannique rejoignent le panache à la mode française. De cet idéal la droite peut se réclamer pour proposer ce qui manque aux générations montantes : un modèle d'« honnête homme ».

Esthétique, désinvolture, panache : c'est Jacques Anquetil au début des années soixante. Visage émacié d'oiseau de proie, blondeur d'archange, arrogance glaciale : ce faubourien normand a des airs d'aristo. C'est physique. « *Gentilhomme de Shakespeare* », a écrit Blondin.

Les Français lui préfèrent Raymond Poulidor, un fils de métayers courageux, opiniâtre, dont l'ascension a quelque chose à voir avec une méritocratie « républicaine ». Anquetil a remporté cinq Tours de France ; Poulidor, aucun. Un rien les sépare mais ce rien, c'est toute la différence entre un superbe champion et un héros de légende digne de la comparaison avec Coppi, Bartali ou Bobet. D'énormes qualités chez l'un, la grâce chez l'autre : illustration d'une inégalité heureusement sans remède « social ». Poulidor est modeste, sympathique avec les journalistes : n'importe quel sondage le propulserait numéro un au hit-parade de la popularité. Anquetil boit une coupe de champagne à l'arrivée de chaque étape du Tour de France, dédaigne les journalistes et rejoint la dame blonde qu'il a enlevée à la manière des amoureux dans les romans de cape et d'épée. Il a remporté le Dauphiné libéré puis, le lendemain, le Bordeaux-Paris : défi insensé d'un irrégulier qui parachèvera son destin en une ultime et secrète histoire d'amour à la Dumas.

La popularité de Poulidor a passé les frontières du « peuple de gauche », elle est nationale ; on ne prendrait pas un grand risque en affirmant que les aficionados d'Anquetil, très minoritaires, se situaient presque exclusivement à droite.

À la même époque où la France était jeune, le romantisme des frères Boniface de Montfort-en-Chalosse enflammait la terre d'ovalie. Romantisme noir car, au soir de la Saint-Sylvestre, en l'an 1967, le cadet, Guy, se tua dans un accident de voiture sur une route bordée de pins, près de leur village natal. André, l'aîné, ne s'en est jamais remis, les deux frangins s'aimaient comme les pigeons de la fable de La Fontaine. André avait tous les dons, y compris celui d'exaspérer les officiels. Les frères Boni jouissent d'une légende : plus d'un demi-siècle s'est écoulé mais des anonymes viennent encore pèleriner au cimetière de Montfort devant la tombe de Guy. Piété de droite ? En l'affirmant, on désobligerait Jean Glavany, ancien ministre socialiste, ancien collaborateur de Mitterrand et célébrant inconditionnel du culte des Boni. Mitterrand lui-même les admirait beaucoup ; il lui plaisait d'affronter André Boniface sur le terrain du golf d'Hossegor.

Mais Mitterrand était-il de gauche ? L'amour des arbres, des camélias, des ânes, des orbes de la féminité, des ocres de Venise, du secret, l'horreur du tutoiement, le goût de la prose subtile de Segalen, de Gracq, de Chardonne, de Mauriac, de Sagan… et de Blondin – cette sensibilité si intimiste, ce passéisme ombreux, ces alentours de la foi qui le ramenaient souvent à Vézelay lui ont valu une imputation de droitier contrarié par les circonstances. Comme Blum, dont les débuts furent ceux d'un esthète plutôt désengagé. Il y a là une ambiguïté qu'une réflexion sur la posture de droite ne peut éluder. On n'est jamais de droite à temps plein et jusqu'à la tombe. On n'est jamais non plus d'une droite totalement compatible avec les autres droites. Chaque « hussard » incarnait la sienne, dans la solitude propre à l'écrivain quand il ne se dégrade pas en militant. On peut être de droite sans le savoir, du moins sans se l'avouer clairement, car ayant grandi dans un environnement de gauche on répugne à rallier ce continent bizarre où les êtres sont à tiroirs multiples et truffés de paradoxes. On peut même être de droite et voter à gauche, voire battre campagne pour les rouges ou les roses. Par jeu, par bravade, par le hasard d'une amitié, par esprit de contradiction. Ou plus banalement par opportunisme.

Le sport n'est évidemment d'aucun bord et le rugby a prospéré en Occitanie après la Première Guerre mondiale sous la houlette de notables rad-socs et francs-maçons. On note cependant que le rugby d'avant le professionnalisme, sport préféré de Coubertin, a inspiré des plumes plutôt droitières : Giraudoux, Mac Orlan, Haedens, Blondin qui convertit Nimier, Lalanne qui inventa la chanson de geste rugbystique en racontant l'épopée de la tournée de

L'équipe de France au pays des Springboks, en 1958. Victoire à Johannesburg avec un capitaine, Lucien Mias, de Mazamet, qui avait traité sa grippe au rhum la nuit précédant le match. Encore le panache et la désinvolture – cette danse de funambule sur le fil de la déraison.

X

L'héritage

> « Il faut s'être ruiné durant des générations à réparer le vieux château qui croule, pour apprendre à l'aimer. »
>
> Saint-Exupéry, *Lettre à un otage.*

Dans une maison de famille dont on hérite, manoir ou masure, divaguent les mânes des ancêtres. Les choses de leur vie sont encore là, un meuble, une photo, un bibelot, une gravure, un diplôme ; ça les éternise au moins l'espace d'une génération, si la suivante ne veut ou ne peut garder la propriété. Quels que nous soyons, nous remontons du fond des âges ; en bazardant les restes épars de nos ascendants, nous aurions l'impression de nous mutiler et de les condamner à une seconde mort. Hériter est un privilège qui oblige : ce qui nous est transmis doit être respecté, et légué autant que possible à notre descendance. Parce que la France fut longtemps terre de paysans qui au fil des siècles ont conquis une souveraineté sur leurs arpents, l'héritage, si modeste soit-il, a gardé une sorte de sacralité. Les droits de succession prélevés par l'État sont plus mal supportés que les autres impôts, on les perçoit comme un vol et le passage chez le notaire reste un cérémonial quelque peu religieux.

L'élitisme

Pour la gauche, l'héritage a des relents d'élitisme bourgeois, il doit être combattu. Le fisc et la pédagogie ont vocation à éradiquer ce qui entretient une distinction liée à une mémoire. Le sociologue Pierre Bourdieu a fait recette dans l'université en dénonçant la transmission d'un « capital culturel » par lequel la bourgeoisie entretiendrait sa prééminence sur le dos des prolétaires.

Il s'abuse en confondant les nouvelles classes dirigeantes avec une bourgeoisie qui n'existe plus. Retenons que le contenu du « capital culturel » l'indiffère. Seul compte son origine sociale. La maîtrise du langage, une familiarité avec les choses de l'esprit, l'aptitude à l'ironie, une certaine aisance, une certaine distance mûrissent indiscutablement dans un milieu favorable, pas forcément rupin d'ailleurs. La gauche milite pour la disparition de ce milieu, au seul motif qu'il entretient une « distinction », miroir d'un élitisme, sans d'ailleurs nous instruire du contenu d'un « capital culturel » qui serait égalitaire. À vrai dire, on l'imagine en observant les gosses dont la famille est explosée ou défaillante livrés sans contre-feu à la télé, à la pub, à Internet et aux jeux vidéo. L'instituteur le plus gauchisant a conscience de ce qu'ils vont devenir, et s'en désole, mais il n'a pas les armes pour enrayer les cycles de la désintégration psychologique, il en est réduit dès la petite section de maternelle à dispenser des soins palliatifs. Le plus souvent, l'entrée en sixième sonne le glas de toute espérance : le gosse est foutu. Plus tard sonneront des tocsins plus lugubres, dans ces cités où les derniers de la classe ne peuvent survivre qu'en devenant les premiers dealers du bloc d'immeubles. Ou pire encore s'ils « ont la haine », comme disent les rappeurs.

À droite, l'élitisme n'est pas une tare, au contraire, et la sagesse populaire en redemande. Les parents les moins fortunés se ruinent pour feinter la « carte scolaire » et éviter à leurs enfants une « mixité » qui risque de les tirer vers le bas. Mixer par décret est une atteinte à la liberté de fréquenter qui bon nous semble, dans les sphères de notre choix. La substance intellectuelle et morale des élites importe davantage que leur provenance sociale. Si le fameux « ascenseur social » ne hisse aux étages supérieurs que des êtres vils, cyniques ou vulgaires, peu importe qu'ils viennent du Val Fourré ou du faubourg Saint-Germain : le peuple les méprisera et la société se délitera. La droite croit à la nécessité d'armer une élite pour affronter les tourmentes de l'Histoire. Pas une élite du fric et de la notoriété médiatique, seuls critères actuels de l'éminence sociale. Pas nécessairement une élite du diplôme, on ne peut s'en dispenser mais elle a montré ses limites. Plutôt une élite du cœur et de l'esprit, capable de transmettre ce qui nous a été légué, et soucieuse de le faire.

Les trois héroïnes de l'Histoire de France

À présent que les nouveaux riches font la loi et la mode, on s'aperçoit que les « valeurs bourgeoises » avaient du bon. Elles ont compté pour beaucoup dans le rayonnement de la France, sa prospérité et les agréments de son art de vivre. Un affinement des mœurs, le sens de la mesure, de la retenue, de l'harmonie, du quant-à-soi et du domaine intime, le respect des anciens et de la tradition, un usage prudent de la liberté sont l'héritage de la bourgeoisie, comme le sens de l'honneur nous vient de l'aristocratie. L'œuvre de Chardin illustre et magnifie les vertus bourgeoises dans un siècle des Lumières où les aristos au bout du rouleau moral se complaisent dans l'univers vaporeux mais fêlé de Fragonard. Sa *Mère laborieuse*, son *Bénédicité*, sa *Bonne éducation* sont de belles apologies de la transmission.

N'exonérons pas la bourgeoisie de ses tares et mesquineries. Elle a aimé thésauriser, puis dégainer son magot pour doter ses filles, moyennant particule et citoyenneté chez les châtelains. La grande et la petite bourgeoisie ont eu la main lourde avec le manant, le prolo et la bonne à tout faire. La moyenne, un peu moins, mais à l'abri de ses clôtures domestiques elle a tricoté ou mijoté à l'étouffée des existences navrantes pour les cœurs, quand ils n'étaient pas desséchés. La littérature romanesque du XIXe siècle dénonce le pharisaïsme de ses prescriptions morales, son égoïsme de classe et, à son apogée, autour de la Belle Époque, son inguérissable mauvais goût. L'inspiration de la droite réactionnaire doit beaucoup à son rejet du prosaïsme bourgeois. Ce refus est dans l'ADN esthétique de la droite tout court, elle aurait tort de s'en débarrasser.

La paysannerie fut l'humble, laborieuse et patiente héroïne de l'Histoire de France à ses débuts ; nous lui devons le privilège d'une sédentarité sur le sol qu'elle a fertilisé et ce qui nous reste de liens avec nos clochers de village. Ce n'est pas rien.

L'aristocratie est l'héroïne presque parallèle de la même Histoire de France, nous lui devons l'éthique de la chevalerie, le sens de l'épopée, du panache et de la désinvolture, vertus célébrées à son crépuscule par le romantisme de Dumas. Ce n'est pas rien non plus.

Mais lorsque prit forme le pouvoir communal et jusqu'à la Première Guerre mondiale, la bourgeoisie aura été la colonne vertébrale de notre pays, le terreau de sa créativité, le moteur de son évolution.

La droite voudrait préserver les restes de notre triple héritage, quitte à les adapter car, disait Churchill, il faut savoir couper des arbres pour que la forêt soit plus belle. C'est une jolie définition du conservatisme : préserver l'essence sans refuser les coups de vague de l'existence. Dans sa gratitude, la droite voudrait faire la synthèse de la sagesse paysanne, de l'altitude aristocratique et du dynamisme bourgeois. Telle est son utopie : un syncrétisme de la mémoire qui laisserait le moins de prise possible au néant de l'oubli.

La tradition

C'est ainsi que se légitime un attachement à la tradition, ce fil d'Ariane invisible qui relie les générations et apprivoise le temps des hommes en le ritualisant. Tradition pas figée, pas survalorisée, mais quel recours plus sûr contre la mort qui attend l'individu au coin de la « modernité » ? Surtout en cette époque où tout conspire à ébouler ce qui relie un être à un passé, y compris le sien. Plus s'accélère le changement, plus devient impérieuse la nécessité d'une permanence. Plus fort soufflent les vents de l'Histoire, plus les racines doivent pénétrer les profondeurs de l'inconscient. Plus le monde se métisse, plus il convient de s'opposer à l'idéologie cosmopolite. Baudelaire : « *La forme d'une ville, Change plus vite, hélas ! Que le cœur d'un mortel.* » Un seul exutoire à ce sentiment de deuil : que le cœur sache préserver les souvenirs de la ville aimée afin d'en éterniser la forme idéale.

La gauche s'en tient à un « vivre ensemble » dans l'abstraction glaciale de « valeurs républicaines » inexistantes, la république étant un principe d'organisation politique et non une valeur. De Marine Le Pen à Bayrou en passant par Sarkozy, Juppé, Fillon et autres prétendants à la prise de l'Élysée, personne n'ose dégonfler cette baudruche cousue de fil partisan par la gauche, les « valeurs républicaines ». Au contraire ils s'en gargarisent, symptôme d'une incapacité à prendre à contre-pied un discours qui accule la droite à se défendre les yeux bandés, sans armes et le dos au mur.

Vivre ensemble, soit, mais vivre quoi ? À cette question la gauche n'a pas de réponse, et pour cause : elle nie ou déprécie le contenu du pot culturel commun qui est un complexe de traditions – une langue, des tours d'esprit, un fond de religiosité, une forme d'humour, des proverbes, des chansons. Un art d'appréhender l'existence au quotidien, et de la ritualiser à la mode locale, qui singularise la sensibilité française. Dans ses homélies, les mots « nation », « république » et « État » reviennent plus souvent que « France » – ce mot soyeux qui, comme par hasard, est aussi un prénom féminin. La gauche condamne la tradition au tribunal d'un « progrès » dont les « avancées » doivent « émanciper » l'homme de ses liens avec un passé, familial ou culturel.

L'enracinement

La gauche n'aime pas les racines, elle n'y voit qu'une crispation identitaire, un barrèsisme de « la terre et des hommes », claquemuré dans un pré carré en forme de bunker. Vision absurde, car plus l'homme est enraciné, plus commodément il s'ouvre à l'altérité. C'est le déraciné ou le déclassé qui, par désespoir, s'offre aux frénésies haineuses des idéologies totalitaires, rouges, brunes ou brandissant le croissant vert. C'est la prolétarisation des classes moyennes et leur sentiment de dépossession qui ont favorisé les menées de Hitler. C'est le nomadisme mental et moral qui dans les cités engendre la haine de soi, de son prochain, de son pays, du monde entier. Quand on se sent maître chez soi, fût-ce d'un cabanon entouré d'un lopin, on peut avoir envie de bourlinguer pour s'aérer les neurones, pas de lâcher des bombes.

L'utopie de la gauche se projette dans un cosmopolitisme de « citoyen du monde » où, de la crèche à l'EHPAD, hommes et femmes vivraient à l'identique sous les auspices d'un « care » compatissant. Ce mot venu d'Amérique et introduit en France par Martine Aubry préfigure une société où la fragilité inhérente à la nature humaine serait pathologisée. Nous serions tous peu ou prou des handicapés passibles de la sollicitude d'infirmiers du « social », l'animateur, l'élu, le maître d'école, le psy, le gourou hindouisant. L'État au bout du compte. Tous, nous ferions la queue au guichet de l'assistanat qui nous pourvoirait en biens de consommation à l'usage du corps et de l'esprit, RSA pour les uns, « cellules de soutien psychologique » pour les autres, « socio-culture » pour tous. Ironie de l'Histoire : c'est le capitalisme mondialisé qui nous rapproche de cet enfer. Quoi qu'il en ait, le socialisme « multiculturel » est le complice objectif du mercantilisme multinational. Complice ou idiot utile.

Le « vivre-ensemble » dans un cadre multiculturaliste rend plus qu'aléatoire l'assimilation de l'immigré. Comment épouserait-il son pays d'adoption quand le discours des élites sur une simple intégration *a minima*, respectueuse des « différences », cautionne son repli ethnique ou confessionnel ? Comment chaque communauté ne rivaliserait-elle pas avec les autres dans une compétition victimaire où le gagnant aura su jouer sur deux registres : la compassion de l'opinion publique, la culpabilité de l'autochtone ? Comment l'islam ne toiserait-il pas le judaïsme avec arrogance quand, par peur du nombre (dix fois plus de Français musulmans que de Français juifs), on a commis la grave erreur de l'institutionnaliser ? Feindre un parallèle sous prétexte d'égalité dans la laïcité est une tricherie : jamais la communauté juive n'a menacé l'unité de notre pays ou la concorde publique. Tandis que l'islam est l'alibi récurrent de provocations et d'agressions incessantes contre des Français, quand il n'est pas invoqué pour légitimer des tueries. Affirmer cela ne sous-entend pas que nos compatriotes musulmans ont vocation à devenir massivement des suppôts du terrorisme. Reste que, à l'époque où nous vivons, la confession musulmane est la seule à représenter un danger pour la France. Il ne sera conjuré à terme qu'à condition de renoncer à l'intégration pour en revenir à l'exigence d'une assimilation.

La France n'est pas un lieu quelconque dans l'espace où peuvent affluer en nombre indéterminé des individus de provenances diverses. Elle n'est pas un pays d'immigration de même nature que les États-Unis, le Canada, le Brésil ou l'Australie. Les grands flux migratoires contemporains de ses débuts mérovingiens remontent au Ve siècle et, jusqu'au XIXe, hors ses marges frontalières, les nouveaux venus furent peu nombreux. Un flux important, surtout en provenance d'Italie, intervint à la fin du XIXe siècle, mais la France pouvait encore tolérer tous les métissages, parce qu'elle dictait la loi, les mœurs, la morale des impétrants. Son catholicisme, qui par définition exclut le racisme, avait eu la puissance requise pour baptiser *manu militari* le Viking, le Sarrasin ou le Magyar demeurés sur notre sol après les incursions de leurs guerriers. Son école et son armée ont pris le relais, elles assimilaient naturellement et sans complexe : dans le sang du « hussard noir » anticlérical et du cyrard catho pratiquant coulait le même patriotisme, enchâssé dans la même morale.

Tel n'est plus le cas dans une France en voie avancée de déchristianisation, au sein d'un Occident en proie au doute sur la pertinence des valeurs héritées des Grecs, des Romains, de l'Église et de leur suite humaniste. Raison de plus pour ne pas transiger avec le communautarisme. Si la France consent au double ou triple patriotisme qui l'accompagne sous les auspices d'une idéologie cosmopolite, elle s'effondrera immanquablement. Ça commence déjà. On ne devient pas Français à titre partiel. On ne le devient pas sans avoir enduré, puis surmonté les affres de l'acculturation. La nostalgie des origines est légitime et pendant deux générations les Français dont les ancêtres venaient d'Italie, d'Espagne, de Pologne, des Balkans, d'Arménie ou du Portugal ont cultivé leurs racines. À la longue ils les ont oubliées, c'était la rançon d'une intromission dans cette vieille maison de famille, la France, dont les murs sont tapissés de portraits d'ancêtres, le plus ancien étant celui de Vercingétorix.

On peut retaper une maison de famille, on ne doit pas toucher aux fondations. La France n'assimilera des êtres venus d'ailleurs que s'ils les respectent. On n'obtiendra ce respect que si nos élites en affirment haut et fort la dignité inviolable. À ce prix seulement la carte d'identité des impétrants vaudra pleine et heureuse citoyenneté. On en est loin, et si les politiques de droite ont pris leur large part à la lâcheté générale, c'est une idéologie de gauche, avec ses relais chez les élus, les intellectuels, les journalistes et les magistrats, qui a fabriqué sciemment le communautarisme. Ce mot rime avec mondialisme et cosmopolitisme.

Avec capitalisme, aussi. La droite doit s'en convaincre pour ne pas prendre le mauvais train. Autant une forte dose de libéralisme à l'échelle nationale désencrasserait opportunément les rouages de notre économie, autant l'évolution du capitalisme mondialisé exige une prise de conscience. Pourquoi en laisser l'exclusivité à la gauche ? Pourquoi la droite ne concevrait-elle pas, sur la longue durée, une alternative au capitalisme radicalement autre que le socialisme ? Une évasion hors ces deux « ismes » faussement rivaux par des portes ouvertes sur une exigence de spiritualité et le sens de la tradition.

L'intime et la famille

Le sédiment déposé par la tradition ne normalise pas les imaginaires ; il les dote d'une armature qui favorise l'épanouissement de l'intériorité. En quoi il a fécondé cet intimisme de souche bourgeoise qui caractérise notre littérature avec Proust en point d'orgue, nos penseurs de Montaigne à Bergson, notre peinture avec les impressionnistes, notre cinéma avec Melville, Sautet ou Rohmer, et que l'on retrouve dans les dessins de Sempé. La même logique qui dénonce la tradition se doit de traquer l'intériorité, ce jardin secret, tabernacle des clairs-obscurs de la sensibilité. L'intime est par essence antisocialiste. Il vient de plus loin que le temps d'une vie. De plus loin et de plus profond. Il échappe à toute évaluation et définit l'originalité de la civilisation occidentale : le primat de la personne sur la tribu. À ses pudeurs, à ses langueurs, à ses portes dérobées, la gauche oppose l'obscénité de la « transparence ». Le prétexte est de prendre au collet le mauvais contribuable, mais une velléité de « table rase » se laisse entrevoir dans cette apologie à connotation policière de la cage de verre. Combien tu gagnes ? Avec qui tu couches ? Où habites-tu ? Combien de mètres carrés ? Qui fréquentes-tu ? Avoue, avoue, on veut voir la couleur de ton fric, et celle de ton âme ! Ne cache rien à Big Brother ! Pour lui complaire, les politiques venus au pouvoir en 2012 avec l'élection de Hollande ont poussé l'indécence jusqu'à étaler publiquement leur patrimoine privé : régalade pour les voyeurs, rigolade pour les poujadistes. Ils savent désormais que Marisol Touraine est plus riche que Cécile Duflot, voilà une « avancée démocratique » selon la gauche « sociétale », évidemment validée par les sondages.

L'intime a son camp retranché dans le noyau familial. Sur ce sujet le clivage ne peut pas être éludé, il marque deux conceptions de l'homme en tant qu'animal social et politique. Pour la droite, l'enfant appartient à Dieu si l'on y croit, aux parents en tout état de cause. Pas à la cité. Plus exactement : pas en première instance. Le moi se confrontera au social quand l'architecture psychologique en sera à la finition, et s'il est bien charpenté il deviendra un citoyen zélé. Ou indifférent, ça ne regardera que lui, il y a d'autres modèles de patriote ou simplement d'honnête homme que celui du citoyen. En attendant l'âge adulte, la famille, fût-elle recomposée, clanique ou mononucléaire selon la distinction d'Emmanuel Todd, reste pour l'affectivité une matrice irremplaçable, et pour la transmission un espace privilégié. Il faut l'entendre au sens le plus large, grands-parents, oncles, tantes, cousins, neveux et pièces rapportées. Mais d'abord une mère et un père penchés sur le berceau d'un nouveau-né.

« Familles, je vous hais ! » Ce cri du cœur de Gide fait écho à tous les romanciers qui ont peint les suffocations dans les huis clos familiaux, et la Thérèse Desqueyroux de Mauriac illustre la violence de cette réclusion, mais aussi les équivoques de la levée d'écrou. Liberté chérie, soit, mais pour quel usage ? À gauche, pour ouvrir les vannes des pulsions et des fantasmes : « jouir sans entraves », créer son destin *ex nihilo* avec cette croyance puérile en l'innocence du désir. À droite, pour régler sa conduite à sa guise, mais sur un socle de valeurs qui précèdent toute norme sociale et lui confèrent une légitimité. En premier lieu l'honneur, tout le reste en découle : courage, probité, don de soi, respect d'autrui, sens du regret, du pardon, de la gratuité et de l'élévation. Les vraies valeurs, de droite sinon « réacs », puisqu'elles profilent une sorte d'aristocratisme de l'âme.

Les mousquetaires de Dumas sont des aventuriers libres comme l'air, sous réserve de ne jamais manquer au sens de l'honneur. Sens incompatible avec l'hédonisme du bobo qui tourne en boucle, sans autre horizon que son « développement personnel », formule consacrée par le racolage publicitaire. Tout aussi incompatible avec le progressisme, dont la fin justifie toujours les moyens. Quelle fin ? On ne la voit jamais, personne ne la définit, c'est un mirage.

Microcosme de toute société depuis Cro-Magnon, la famille héberge les lentes maturations, pour le meilleur et pour le pire. Elle touille les sentiments dans son chaudron, les cuit et les réchauffe, l'amour, la haine, le désir, les envies, les songeries, les jalousies. Couveuse, broyeuse et cependant refuge des intériorités en gestation.

La gauche n'aime pas la famille, cette citadelle qui semble narguer l'artillerie lourde du collectif. Elle y voit la pérennité de ces « valeurs bourgeoises » doublement détestables : elles freinent l'avidité des ego et elles secrètent de l'inégalité par une pente naturelle.

Déceler le fort en thème et le cancre invétéré est du ressort du pédagogue. Mais la bonne éducation, ou la mauvaise, ça vient de la famille et la ligne de démarcation a nettement plus d'importance que l'aptitude à résoudre les équations à deux inconnues.

L'aveu de Peillon

Un ministre de l'Éducation nationale, Vincent Peillon, n'a pas caché, dans un livre intitulé *La Révolution française n'est pas terminée*, qu'à terme une « religion socialiste » (*sic*) devrait supplanter les crédulités confessionnelles d'antan, et émanciper les enfants des « aliénations » inhérentes à la vie de famille. Il vise évidemment le christianisme, mais par extension toutes les valeurs héritées de la paysannerie, de l'aristocratie et de la bourgeoisie. Autant dire, toutes les modalités d'un enracinement dans l'Histoire de France. Dans le texte :

« *C'est bien une nouvelle naissance, une transsubstantiation qui opère dans l'école et par l'école, cette nouvelle Église avec son nouveau clergé, sa nouvelle liturgie, ses nouvelles Tables de la Loi.* » Page 18.

« *La laïcité elle-même peut alors apparaître comme cette religion de la république cherchée depuis la Révolution.* » Page 162.

« *La libre pensée, dont nous savons qu'elle est intrinsèquement liée à la République et au socialisme, est cette religion. Ceux qui ne veulent pas entendre n'entendront pas.* » Page 188.

« *L'école sans Dieu est l'instrument de cette religion.* » Page 191.

« *C'est ce travail qui est commencé, c'est la Révolution qui continue.* » Page 210.

On trouve chez les penseurs de la gauche des expressions plus subtiles de ce sous-robespierrisme à la Ferdinand Buisson relooké par l'utopie « libertaire ». Les perles de Peillon ont au moins le mérite de la cohérence : le vrai socialisme se veut religion radicalement nouvelle, et il veut la mort du Dieu des juifs, des chrétiens et des musulmans. Ces derniers, qui en France ont voté Hollande aux élections présidentielles de 2012 dans la proportion de 80 %, parce que l'associatif de gauche les avait flattés à l'encolure, ont pour le moins manqué de perspicacité : dans la charrette de Peillon, Moïse, le Christ ou Mahomet sont promis à la même guillotine.

À droite, ça fait froid dans le dos. On s'étonne que l'aveu d'un ministre en exercice ait été si peu et si mal dénoncé. Seuls quelques intellectuels s'y sont risqués et les partis de la droite officielle se sont bien gardés de les relayer. On doute même qu'ils en aient pris connaissance. Nul pourtant n'a dévoilé avec une telle candeur les aboutissants totalitaires d'un égalitarisme sans référent spirituel. Autant est indiscutable l'égalité comme principe juridique, et louable comme objectif politique parmi d'autres, autant la religion socialiste de l'égalité, dans sa stricte orthodoxie, condamnerait les Français à une citoyenneté bas de gamme dans un canton de McWorld. Le risque serait mineur si les apôtres du consumérisme mondialisé n'obéissaient à la même logique, par le marché plutôt que par le législateur mais, sur la ligne d'horizon, la même humanité banalisée. En ce sens, l'ultralibéralisme sans frontières n'a de points communs avec aucune des sensibilités de droite héritées de notre Histoire et évoquées dans ces pages. Ses adeptes sont des bobos tout-terrain, et qu'ils militent chez « Les Républicains », au PS ou ailleurs n'a aucune signification politique. La sagesse populaire n'a pas tort de les mettre tous dans le même panier. D'ailleurs, ils s'y mettent d'eux-mêmes, quand ils préconisent un « front républicain » commun.

D'une génération l'autre, chaque Français hérite de la France. La gauche affirme le droit à la jouissance de ce legs, exigeant la nue-propriété et l'usufruit, évacuant sans vergogne les souvenirs qui l'encombrent. Morale du « vide-grenier » : du passé faisons table rase. À droite prévaut la gratitude : hériter de la France est un privilège qui oblige. On s'en réjouit, on s'en honore, on se croit tenu de transmettre ce qu'un hasard bienvenu a déposé dans notre berceau. Ou que les aléas d'un passé sous d'autres latitudes nous ont offert gratis si on a planté ses pénates sur le sol français. Le moi n'est pas un absolu bardé de droits mais le maillon d'une chaîne, et par le fait il est soumis à un devoir de mémoire : voilà le fin mot d'une approche droitière de l'identité.

XI

L'éternel féminin

« La démagogie s'introduit quand, faute de commune mesure, le principe d'égalité s'abâtardit en principe d'identité. »

Antoine de Saint-Exupéry, *Pilote de guerre.*

Toutes les civilisations avaient assigné à la femme des fonctions dont elle ne pouvait s'évader. Le christianisme l'ayant délivrée de cette sujétion (saint Paul, « *Il n'y a plus ni homme ni femme* »), les démocraties occidentales ont entériné son émancipation en lui accordant les mêmes droits qu'à l'homme. Non sans tergiverser, surtout en France, où l'ouverture d'un compte en banque à son nom et le droit de vote lui furent consentis tardivement. Les députés du Front populaire – 1936 – n'ont été élus que par des hommes. Il n'est pas sûr qu'un corps électoral au complet aurait produit la même majorité. À l'époque, la gauche craignait l'influence des confesseurs sur leurs paroissiennes.

L'altérité

Le monde étant devenu ce « village planétaire » annoncé par McLuhan, aucune société ne pourra indéfiniment ligoter la femme dans un statut prédéfini par une tradition culturelle. Aucune, même en Orient, le Proche, le Moyen ou l'Extrême. À présent que l'Église catholique a recentré son apostolat et cessé de prétendre à l'exercice d'un pouvoir temporel, ses ennemis n'ont à lui reprocher que ses réserves sur la contraception. Elles ne peuvent plus être comprises, et du coup elles handicapent la propagation du message évangélique.

L'islamiste radical tente de conjurer ce qu'il perçoit comme une menace : l'accès à un statut à l'occidentale de la gent féminine, et singulièrement la libre disposition de son corps. Le reste en découle. Cette crispation sur les prérogatives ancestrales du mâle sous caution d'Allah peut incendier la planète pendant une génération, elle échouera. Dans les cités de nos banlieues où les musulmans sont nombreux, les beurettes peuvent se voiler à l'injonction du grand frère, elles s'affranchiront de son autorité à la longue.

Déjà leur corps s'impatiente ; les sous-vêtements dont il se pare contredisent l'austérité de la tenue visible dans la rue. Il faudra du temps pour venir à bout de cette schizophrénie, mais le grand frère sera vaincu, et il le sait. C'est entre autres motivations la conscience de sa défaite finale qui peut l'acculer à la radicalisation.

La domination du genre masculin reposait exclusivement sur le primat de la force physique. Dès lors qu'il n'est plus besoin de porter une armure de vingt kilos pour occire son semblable, et que les machines suppléent les biceps, elle n'a plus d'usage. Partout, l'humanité sera sommée d'affronter la nouvelle donne historique : une métamorphose des relations entre masculinité et féminité. Partout l'« altérité des genres » devra se reconstruire à nouveaux frais. En France comme ailleurs, le macho est une espèce en voie de raréfaction et notre fond de latinité ne suffira pas à le sauver. Même en Corrèze. Si le féminisme consiste à accepter sa mise au rebut, fût-ce avec plus de résignation que d'enthousiasme, personne ne le contestera.

S'il vise à nier, à dévaluer ou à affadir l'altérité, alors resurgit le clivage entre la droite et la gauche. Car aujourd'hui autant que dans le passé de tous les peuples, la femme n'est pas un homme au féminin. Elle doit sa liberté sous nos latitudes à l'épanouissement d'une civilisation qui l'a à la fois asservie et idéalisée ; l'aventure de cette liberté tournera court si elle prétend en ignorer les sources. Aphrodite et Vénus, le culte de la Vierge et de Marie-Madeleine, le roman courtois et ses résurgences dans le romantisme puis dans le surréalisme ont sculpté au plus profond de notre imaginaire les figures infiniment variables d'un « éternel féminin ». Notre spiritualité, notre esthétique, notre érotique sont redevables d'une culture qui a enfanté une pléiade d'égéries depuis Yseult jusqu'aux stars du cinéma en passant par l'Ophélie tragique de Rimbaud dérivant « *sur l'onde calme et noire où marchent des étoiles* ».

Pilote de chasse, chef d'État ou astrophysicienne, la femme n'en reste pas moins l'objet d'une fascination que les ivresses des ébats charnels ne sauront jamais épuiser. Plus on « libérera » la sexualité, plus on s'apercevra que le « désir » de l'une et celui de l'autre ne sont pas branchés sur la même prise. Et que dans les paroxysmes ils ne convergent pas vers le même ciel. Ou le même enfer, comme on voudra : rien de plus mystérieux que les émois tramés dans la fièvre de l'urgence entre deux anatomies. Rien de moins ludique, et tous les discours visant à banaliser la sexualité en la réduisant à la mise en scène gymnastique de fantasmes n'y pourront rien. Un vagin n'est pas un phallus et la sémantique ordinaire confirme cette évidence : la femme se fait « sauter », pas l'homme. Le mot « cocu » ne se décline pas au féminin, et l'expression « se faire baiser » supporte un double sens. Un homme dans la force de l'âge peut procréer deux ou trois fois ou davantage dans une journée ; une femme porte pendant neuf mois un seul futur enfant, ça fait une sacrée différence. L'avènement de la pilule (sous de Gaulle, malice de l'Histoire) n'y a rien changé. Les « progrès » de la science n'y changeront rien – ou alors l'humanité aura atteint ce point de non-retour où la folie de Frankenstein fabriquera en laboratoire des « hommes nouveaux » en série, sans sexe déterminé, sans capital génétique. Neutres. Fils ou filles de personne.

Présente à nos côtés, d'égale à égal, pour toute forme de connivence, la femme sera toujours en instance d'évasion dans un ailleurs insaisissable. Comparaissant sur le champ politique, ou économique, elle y manifeste des capacités égales ou supérieures à celles des hommes. De cela nul ne doute. Le peu de latitude qui lui fut consenti jusqu'à la moitié du XXe siècle lui a suffi pour en fournir la preuve dans tous les domaines. Au XIXe siècle, où la bourgeoisie l'avait recluse dans le fameux triangle (la cuisine, l'église, les enfants), elle s'est révélée plus subtile, plus courageuse, plus fiable, plus profonde, mieux vertébrée en somme que son mari ou son amant. Si on rencontre des personnages masculins pathétiques dans les romans de Balzac, ils font pâle figure à côté des héroïnes, fussent-elles humbles comme Eugénie Grandet.

La séduction

Sous la Restauration comme sous la Ve République, la femme reste la page blanche sur laquelle l'homme n'en finira pas de mettre en mots et en images le songe éblouissant d'une féminité idéale. Concurrente de plein droit pour l'accession à tous les pouvoirs symboliques, fric et honneurs, elle déjoue l'« égalité » de la compétition parce qu'elle dispose des armes de la séduction.

De cette ambiguïté essentielle, la gauche voudrait se débarrasser. Son projet est égalitaire, au sens plein du terme : le fifty-fifty d'une parité intégrale qui, entre parenthèses, attente au principe de la liberté démocratique de candidature, humilie les femmes et, en France, a passé les bornes de l'ubuesque avec les couples (hétéros) de candidats aux scrutins départementaux. Au même titre que la religion, la gauche perçoit l'altérité des genres comme un reliquat historique dont l'humanité viendra à bout pour imposer

– par la pédagogie et la force de la loi – l'androgynat culturel. Son projet a pour but une stricte équivalence des rôles du père et de la mère, et sous la couette de l'acte sexuel de l'homme et de la femme. Le Même s'ébattant avec le Même et non plus avec l'Autre : cet onanisme à deux « partenaires » ne promet pas à l'érotisme des lendemains mirobolants.

À droite on a lu Sade, Freud, et pour les plus anciens *Histoire d'O* (écrit par une femme) ; on sait d'expérience immémoriale que la sexualité n'est ni anodine ni « égalitaire » ; sa dramaturgie met en jeu des ressorts occultes et obscurs, on ne peut pas la réduire à de l'hygiénisme. Ses liens avec la fécondité et la sacralité liée à la religion ayant été rompus, elle peut « libérer » cet instinct de la cruauté tapi dans l'ombre de nos neurones, comme on le découvre en apprenant ce qui se passe aujourd'hui dans les prisons pour femmes de Syrie et d'ailleurs, tous bourreaux confondus.

On sait aussi, Œdipe oblige, que la maternité et la paternité, ce n'est pas du pareil au même, et on récuse la thèse de Simone de Beauvoir. « *On ne naît pas femme, on le devient* », proclamait l'égérie de Sartre. Faux : on naît homme ou femme et on devient tel homme ou telle femme au gré d'une histoire personnelle, avec tels ingrédients culturels qui modulent selon le moment historique la masculinité et la féminité, sans jamais les effacer. À tout prendre, on préfère le féminisme des années soixante qui, autour du MLF, valorisait la singularité de la psyché féminine. L'émotion, la sensibilité, la relation au corps, la créativité d'une femme sont essentiellement autres que celles d'un homme, affirmaient les disciples d'Antoinette Fouque. Elles forçaient un peu la note mais elles avaient raison. Il résulte de leur constat que la pédagogie ne doit pas confondre les genres comme le prescrit Mme Vallaud-Belkacem, qui a succédé à Vincent Peillon. Au contraire, elle doit instruire au plus tôt la petite fille et le petit garçon de ce qu'ils deviendront, une nana et un mec, une mère et un père. Elle doit les caler dans leur altérité. Elle doit relayer les parents pour inculquer aux dadais le sens de la galanterie, sans laquelle, nous explique Alain Finkielkraut, la sociabilité se noiera dans les boues d'une indifférenciation barbare, au détriment de la femme.

À gauche, la séduction féminine n'est qu'un atout supplémentaire : le canapé peut aider à rattraper un « retard » dans la course au fifty-fifty. Approche comptable et cynique. À droite où la féminité jouit d'une reconnaissance *a priori*, la séduction est prise pour ce qu'elle est : un décret du destin qui bouleverse et submerge aussitôt que s'en mêle la passion. À gauche, on a tendance à la pathologiser : elle menace les équilibres psychologiques et sociaux que l'on veut modifier rationnellement. La passion n'est jamais rationnelle, jamais fifty-fifty. « *Si tu m'aimes, je me fous du monde entier* », brame la môme Piaf, tandis qu'à gauche on se soucie du monde entier. Il ne s'en porte pas mieux pour autant. Édith Piaf, amoureuse tragique de ses amants, amoureuse transie de Thérèse de Lisieux. Plus de projet, plus de plan de carrière : l'absolutisme de l'amour invalide la rationalité paritaire. Devant l'anatomie sublimissime de Brigitte Bardot, modèle idéal de l'ingénue libertine, l'égalité fait grise mine : l'homme succombe au premier regard, point final. À gauche, Simone de Beauvoir théorise au bénéfice des libidos masculines l'émancipation de la femme, en deux gros volumes : *Le Deuxième Sexe* ; à droite et à la même époque – années cinquante –, Brigitte Bardot se met nue dans *Et Dieu… créa la femme.* Tout est dit.

Athos a succombé au charme de Milady, l'héroïne diabolique des *Trois Mousquetaires.* C'est le registre de la féminité vénéneuse, le diamant noir dont les éclats nous aveuglent, et l'homme n'en sort jamais indemne. Tant pis pour lui. L'avers, sur le même registre, c'est Marie de Rohan, duchesse de Chevreuse, la Circé du baroque français, l'astre le plus scintillant du demi-siècle de Louis XIII. Joueuse, rieuse, insoucieuse, aventureuse, ensorceleuse, toujours dans une embrouille, toujours pour s'amuser, et toujours pour faire plaisir à son amant de l'heure. Elle apparaît dans le roman de Dumas pour séduire Aramis puis donner un fils à Athos, le vicomte de Bragelonne. Elle a réellement existé, les chroniqueurs de l'époque ont même épuisé les superlatifs pour peindre cette diablesse angélique. Voilà une héroïne pour la droite, elle a zigzagué sa vie sur le théâtre social avec une insouciance souveraine. Assagie sur le tard, épouse (enfin) irréprochable d'un hobereau de moyenne cuvée, elle est morte en odeur de sainteté à la mode janséniste, dans un couvent.

Les héroïnes de Balzac, la môme Piaf, Brigitte Bardot, Milady, la Chevreuse : images indémodables dans le kaléidoscope d'un *éternel féminin* que la « superwoman » peut incarner, ni plus ni moins que la grisette du coin de la rue ou que Louise de Bettignies, héroïne de la Première Guerre mondiale. On n'en finirait pas d'énumérer les égéries qui ont poétisé les songes du genre masculin. Avis aux jeunes gens du temps présent, un peu déboussolés par les exigences de la femme « moderne » : n'ayez pas peur de sa liberté, l'« éternel féminin » est toujours là et elle le sait.

Un féminisme de droite

La gauche, très logiquement, récuse l'éternel féminin. Elle y voit un piège pour emprisonner la femme dans une cage dorée. Ne pas donner dans le panneau d'un machisme rétro : la cage, il faut l'ouvrir ; les droits de la femme, il faut les défendre. Mais pas en tombant dans les pièges à gogos de la « parité ». Pas en confondant une paire et un couple. Plutôt en relevant l'inconséquence d'un féminisme qui dénonce – à juste titre – la brutalité mécanique et comptable d'un monde conçu par et pour la masculinité, et revendique des positions plus avantageuses dans ce monde-là.

Un féminisme de droite reste à définir, qui préconiserait une infusion de l'altérité des genres à tous les étages de la vie familiale et sociale. D'abord familiale. Aucune femme de droite n'envisage de renoncer à son autonomie. Mais aucune n'entend mettre sa féminité sous le boisseau. C'est en femme, pleinement, qu'elle veut être mère, épouse ou amante, grand-mère sur le tard ; en femme pleinement qu'elle veut paraître, et s'imposer dans la comédie sociale. En femme pleinement qu'elle veut tailler sa route professionnelle. Ce qui la distingue, c'est la conscience et la fierté de son altérité. Elle use sans complexe des armes de la séduction, au besoin elle en abuse, et elle a bien raison. Elle connaît le secret de son imperium dans l'ordre le plus sacré, celui des élans amoureux. Elle pressent qu'il lui incombera de civiliser une société où la barbarie monte en puissance. Du temps des Valois, de la préciosité puis des Lumières, des femmes animaient des foyers de culture : Marguerite de Navarre, la marquise de Rambouillet, Mlle de Scudéry, Mme du Deffand, Mme de Genlis, Julie de Lespinasse et tant d'autres. Ces temps sont révolus mais, justement, la femme contemporaine n'étant plus affectée à des rôles sociaux de satellites, elle a tous les atouts dans son jeu pour rayonner comme jamais. À cette condition impérative : ne pas singer la masculinité.

La femme de gauche milite pour l'obtention de droits supplémentaires ; la femme de droite prend négligemment ceux que la « société » lui concède, puis les jette aux pieds de son amant. Lequel les lui rend au centuple, sans combattre.

La femme de gauche a un « compagnon » et se prête au conditionnel (mon argent, mes copines, ma sexualité, etc.). La femme de droite se donne à un mari ou un amant, corps et biens, corps et âme, quitte à se reprendre s'il ne l'a pas méritée. Pas de calcul boutiquier : tout ou rien. Amoureuse dans l'irrégularité s'il le faut plutôt qu'experte en galipettes. Coquetteries, chatteries, cachotteries – mais pour la volupté d'escrimer avec ses propres armes. Ludique à tous escients, et prête à tous les crimes pour l'amour des siens. Si la course au pouvoir l'amuse, elle s'y adonnera, siégera dans les assemblées et les C.A., triomphera de plus en plus souvent car l'homme commence à se lasser. S'il plastronnait comme un ado encombré de son ego à la tête d'un ministère, d'une multinationale ou en qualité de sous-chef de bureau dans une sous-direction quelconque, n'était-ce pas pour subjuguer le genre féminin ? pour asseoir sa suprématie en distribuant les rôles – épouse, maîtresse, secrétaire ? Il s'en lassera parce que la symbolique de ce pouvoir n'a plus de résonance – et au fond ces jeux l'ennuyaient. Donc la femme triomphera, c'est inéluctable, elle sait mieux gérer, elle a plus de combativité, de méthode, d'application et de suite dans les idées. Déjà elle avance ses pions dans les univers désertés par les hommes de la politique, de la justice, de la médecine et de la pédagogie. Elle n'a pas besoin d'avoir lu Saint-Simon pour démystifier la comédie du pouvoir ; elle sait lire le vide d'un regard d'arriviste sous son grimage. Plus vite que les hommes, elle prendra du recul – et alors, peut-être, la féminité nous ouvrira les portes d'un monde… moins bêtement masculin.

Épilogue

C'est dans les méandres des paysages intérieurs que se déploie et se complaît une sensibilité de droite. Libre à chacun d'ajouter une scène, de retrancher un personnage. La droite française est un patchwork d'états d'âme et de sautes d'humeur, un terreau où se fondent la mémoire des âges monarchiques et le principe républicain, le bonapartisme, le conservatisme, les variantes du libéralisme et la réaction prise au sens strict du terme : une réaction morale contre les tendances lourdes de notre époque.

Sa définition ne va pas de soi. Pourtant elle existe. Si vraiment le discrédit du mot est sans remède, un autre fera l'affaire. Après tout, Manuel Valls proposait il n'y a pas si longtemps que son parti renonce au mot « socialisme ». Lui aussi a trop servi : les deux partis totalitaires les plus meurtriers du XXe siècle, celui de Lénine et celui de Hitler, avaient ce mot dans leur intitulé : URSS, NSDAP.

Tout comme la gauche, la droite existe, et son enracinement dans notre inconscient collectif dément la thèse d'une désuétude du clivage. On le perd de vue si l'on s'en tient aux changements de cap des idées et à leur projection sur le champ des joutes politiciennes : le libéralisme et le colonialisme étaient à gauche au XIXe siècle et l'écologie est passée par Vichy (« *la terre ne ment pas* ») avant d'aller élever des chèvres bio sur le Larzac avec José Bové. On retrouve son empreinte en repérant des invariants dans les mentalités. Les personnages évoqués au fil de ces pages, certains historiques, d'autres littéraires ou mythologiques, définissent les contours d'une philosophie morale étrangère à une conscience de gauche. Étrangère, pas forcément antipathique, sauf aux idéologues.

La frontière s'est érigée à la Révolution mais il se peut qu'elle ait été dessinée lors des guerres de religion. Pour les disciples de Bloy et de Bernanos, elle remonte à la Renaissance ; pour d'autres au cogito cartésien. Son tracé met en relief une césure opposant deux approches de la liberté, l'une issue de la culture catholique, l'autre du protestantisme. On ne sait pas quel tour elle prendra quand la mondialisation aura produit tous ses effets dans le repli des consciences. Repli ou extinction. En tout cas, sa disparition sonnerait le glas de l'Histoire de France.

Les militants des partis situés à droite ne connaissent pas la droite dans ce qu'elle a de plus reluisant et plusieurs de leurs dirigeants ne l'aiment pas. Soit ils en ignorent les fondamentaux, soit ils s'en défaussent en qualifiant de « réac » ce qui pourtant fonde l'honneur de se sentir de ce bord-là. Ils ne sont pas loin de percevoir le droitier comme le « beauf » caricaturé dans les éditos de *Libération* ou les dessins de *Charlie Hebdo*. En revendiquant leur « modernité » dans le « sociétal », ils se situent sans trop le savoir dans la filiation de la gauche soixante-huitarde. « Sociétal » est un tout-à-l'égout qui leur permet d'évacuer les problématiques essentielles ; « modernité », le cache-misère de leur infirmité philosophique. L'air de rien, la « modernité », si l'on y réfléchit, est le mot-clé de l'idéologie de la gauche. Elle accule l'humain à ne se percevoir dans le temps présent qu'en référence à un avenir indéterminé, en effaçant le passé, simple et composé, sans lequel l'individu titube comme un ivrogne sur le fil de l'instant. La « modernité » est l'alibi générique du nihilisme contemporain. Elle a supplanté ces couples historiques – le Bien et le Mal, le Juste et l'Injuste, le Beau et le Laid – par ce binôme imbécile : le branché et le ringard. En s'y référant, la droite rend les armes à la gauche, elle ne peut plus être que son supplétif et raser les murs chaque fois que surgit un nouveau point d'interrogation.

En outre, elle est dans l'embarras depuis que l'implosion de l'Empire soviétique l'a privée d'un ciment idéologique commode, l'hostilité au communisme international. Les générations venues à la politique après Mai 68 et la mort de De Gaulle ignorent à quel point le PCF, le parti communiste le plus stalinien d'Europe avec celui du Portugal, a pesé dans la vie publique. Son armature syndicale (la CGT) et associative, ses intellectuels et leur suite universitaire, pédagogique et médiatique exerçaient un terrorisme qui justifiait l'anticommunisme des conservateurs, des modérés, des radicaux… et des socialistes de l'époque. Pas question de faire dans la dentelle du temps – années 1950 à 1980 – où le pouvoir des soviets à Moscou plantait ses drapeaux rouge sang sur les cinq continents de la planète.

Ce pouvoir a fini par péricliter, entraînant dans sa chute un PCF débordé par le FN, devenu appendice du PS pour sauvegarder quelques mairies, sous-loué à Mélenchon pour camoufler son recyclage en un vague poujadisme de gauche. Peu de Français s'en plaignent, l'utopie communiste n'était qu'une contrefaçon monstrueuse du message chrétien ; elle promettait aux hommes le royaume de Dieu dans ce bas monde. Mais outre que l'extinction des étoiles rouges dans le ciel n'est pas sans conséquence sur le moral des peuples déshérités, elle a pétrifié les dirigeants de la droite. Aron a battu Sartre par K.-O. mais rien de probant n'est sorti de cette victoire à la Pyrrhus.

Pourtant, la gauche française est aux abois et aux abris. De Mitterrand à Hollande, son pilotage a révélé une perte sèche d'idéal. Elle a entretenu sa clientèle électorale aux frais des générations futures dans un flou politique qui dénature des institutions conçues pour éviter le retour du régime des partis. Elle veut ignorer ce que Tocqueville nous aide à comprendre : la connivence de la religion égalitaire avec la mondialisation du credo matérialiste et de son article premier, le culte de l'innovation.

L'histoire mythifiée de ses luttes (Lumières, Révolution, Commune, conquêtes sociales, Front pop', abolition) offre cependant à la gauche un support qui assure sa survie. Si déprimée soit-elle en notre basse saison politique où priment la com et ses démagogies au ras des pâquerettes, elle continue de s'inscrire sur le registre « progressiste », dont les pages encore blanches sont en nombre infini. Faute de communistes, elle trouve ses alliés chez les « alters », les écolos et les « minorités ». Pour pallier les défections de l'électorat populaire, elle mise son avenir sur les immigrés.

La droite dite « de gouvernement » cherche la parade et ne la trouve pas. Ses chefs de file n'ont pas le souci de se référer à ses figures et à ses symboles. Leur formation intellectuelle ne les dispose pas à explorer ce continent vaste et profus : l'inconscient de la droite française. Son âme. Comment la connaîtraient-ils, ces enfants paumés de la pub, du selfie et du reality-show ? Personne n'en fait état à Sciences-Po ni à l'ENA. Du reste, feu Richard Descoings a fait de Sciences-Po une école de commerce parmi d'autres, Boutmy n'y reconnaîtrait plus son enfant. Des fiches et des synthèses, aucun contenu. Des thématiques, pas de chronologie. Des abstractions budgétisées, pas de chair. Des mots qui crèvent dans l'air comme des bulles de savon. D'une législature l'autre, dans les assemblées élues, la culture philosophique, historique, littéraire et esthétique régresse au profit d'un savoir juridico-administratif, ce croque-mort du choix politique, ce camouflage des âmes mortes.

Les dirigeants de la droite ignorent ce qu'il leur incombe de sauvegarder. Ils découragent les jeunes qui penchent à droite par idéalisme et rêvent de défendre des valeurs. Esclaves de l'éphémère, ils réagissent en automates aux seules injonctions des sondages et se laissent ballotter comme des fétus dans l'air du temps. Mais les sondés n'ont jamais répondu qu'aux questions qu'on leur posait, et il arrive que l'air du temps devienne irrespirable. La droite serait peu de chose si elle n'alignait sur les étals électoraux qu'un catalogue de recettes pour obtenir un peu plus de croissance, un peu moins de chômage et d'insécurité. L'homme n'est pas seulement un producteur, un consommateur, un quémandeur et un voyeur. Il a des aspirations et des angoisses ; ses choix politiques sont dictés par des rêves, des souvenirs, des regrets, une esthétique de l'action, une poétisation de sa patrie. On ne tient pas indéfiniment un peuple en lisière avec du pain et des jeux du cirque. Surtout le nôtre, qui ne se résigne pas à l'amnésie. S'il perçoit du mépris dans la calinothérapie électorale, il lui vient des envies de vengeance, et cela fait presque toujours des dégâts.

Certes, l'économie a ses exigences. Il faut des programmes chiffrés et des perspectives pour baliser le moyen terme. Il faut – en dernier lieu – des technos et des juristes pour rendre applicables des choix politiques. Mais les peuples commencent à comprendre que la macroéconomie échappe dans une large mesure aux pouvoirs étatiques. La croissance en France dépend de la santé économique des États-Unis, de la Chine et des pays émergents. Elle dépend du prix du baril, des taux directeurs des banques centrales et des conflits qui éclatent inopinément sur tel canton de la planète. C'est sur d'autres sujets que se joueront les destins de nos vieux pays. Les peuples en ont obscurément conscience ; les « élites » se réfugient dans l'illusion qu'une embellie économique garantira la paix sociale, voire suffira au bonheur des Français.

L'exemple de Mai 68 devrait les déniaiser. Croissance soutenue, « ascenseur social » en pleine bourre, pas de chômage. Juste un détail, relevé au mois d'avril de la même année par Pierre Viansson-Ponté dans un édito du *Monde* : « *La France s'ennuie.* » Aucun énarque pompidolien n'avait appris que l'ennui est un fait politique. Aucun n'a imaginé qu'un chahut d'étudiants à Nanterre déclencherait des émeutes incontrôlables ; aucun n'a compris qu'il en résulterait un chambardement du champ mental aux effets durables. Pour comprendre, il aurait fallu qu'ils lisent les auteurs qui depuis des années ensemençaient les esprits dans les facs. Mitterrand a pris son temps pour comprendre, après sa grosse bourde de Charléty en mai 1968. Le freudo-marxisme « libertaire » répugnait à sa nature, mais il a fini par en prendre acte, et hisser jusqu'au pouvoir d'État la génération qui s'était révélée à elle-même sur les barricades.

Quel chef de la droite a compris que, depuis le début du XXIe siècle, la donne a changé, du tout au tout ? Lequel a perçu que la France dans ses profondeurs spirituelles, intellectuelles et morales n'est plus à gauche ? Lequel a senti que l'essor actuel du FN est un symptôme parmi d'autres – et pas le plus éclairant – d'une angoisse profonde ? Le terrorisme islamiste aidant, elle peut tourner à la panique, précédant le chaos. Croient-ils conjurer cette menace en raflant quelques voix au FN, à supposer qu'ils y parviennent ?

Le programme le mieux élaboré ne tient la route qu'étayé par des valeurs. Des vraies, pas des astuces de communicants où toujours affleure un cynisme de muscadin. Les Français de droite sont las du cynisme, las d'un bruitage politico-médiatique qui ne reflète en rien ce qui les émeut, ce qui les révulse. Las d'être toujours les cocus d'une pièce de Feydeau, les harkis de politiciens qui au premier barouf les laisseront en rade. Las de ces comparutions devant les micros ou derrière les écrans, à la remorque de Hollande, qui n'est plus le chef de l'État mais le simple rédacteur en chef du journal de la France. Ils ne miseront leur espérance que sur une politique résolument alternative – et comment la bâtir sans avoir creusé les fondations et posé les pierres d'achoppement ?

Pour peu qu'on se risque à explorer l'histoire de la France, une évidence s'impose : les valeurs de la droite française ne sont pas celles de la gauche. La droite valorise l'identité – celle de la personne, de la famille, de la patrie, de la culture, religieuse et profane. Elle aborde l'universel par le truchement de la singularité. Au contraire, la gauche valorise l'égalité et oppose frontalement l'universel aux identités, l'instant présent à la mémoire, l'abstraction au charnel, le nombre à la qualité. La droite chérit la liberté comme art d'édicter ses propres règles de vie en endossant un héritage. La gauche la définit comme abolition de tout héritage et souveraineté absolue de l'ego. Le clivage n'a donc rien d'artificiel. La gauche a régné sur les esprits pendant soixante ans. C'est le tour de la droite. Ses responsables doivent prendre la mesure de l'évolution des mentalités, et ne pas se défausser.

Sans doute aucun gouvernant ne peut ignorer le camp adverse, surtout dans un pays aussi divisé que le nôtre. La droite commettrait une folie en oubliant que la gauche a ses titres de propriété dans notre Histoire, et des rancœurs que l'on peut comprendre. La Terreur blanche de 1795 et des débuts de la Restauration s'explique par celle, infiniment plus sanglante, des Conventionnels ; elle n'en a pas moins ajouté de la haine à la haine. Les morts et les déportés du coup d'État de Napoléon III, la répression des communards en ont surajouté. Il y a beaucoup de sang sur les murs de la maison de famille. Les séquelles n'ont pas disparu, il ne faut pas les occulter. Seuls des ultras ont envie d'en découdre et les ultras, depuis les Guise jusqu'aux ligues sous la IIIe République et aux activistes de l'Algérie française, sans oublier les vichystes et les intégristes, se sont toujours plantés dans les grandes largeurs. Par sectarisme ou par irréalisme, ils ont handicapé la droite en donnant à penser qu'elle défendait hargneusement l'ordre des puissants, des aigris et des puritains.

Aucune démocratie ne peut fonctionner sans la recherche de points de convergence. D'où l'utilité des partis frontières et des girouettes plus ou moins centristes qui tournent au gré des vents. On les brocarde parce qu'elles se fixent souvent du côté du manche mais, sans elles, les conflits s'exacerberaient en permanence et, tout de même, il faut des trêves pour que survive un minimum de sociabilité. En dépit de ses errements et de sa longue pénitence, Bayrou ne rallierait pas autant de voix si le centre tocquevillien qu'il incarne ne représentait rien dans le pays. Sur les ruines du MRP, son Modem a des titres à l'existence ; de même le PRG de Baylet, à gauche, sur les décombres du parti de Mendès France.

De Gaulle a voulu concilier nos penchants monarchistes et républicains en faisant couronner un roi sans trône ni sceptre par le corps électoral. Deux tours de scrutin, deux candidats au second tour : sans le vouloir, il a favorisé l'ancrage de l'un et l'autre camp, donc entériné le clivage sans régler pour autant la question de la légitimité. Elle est insoluble, il faut vivre avec cette énorme contradiction, sachant qu'un recours à la proportionnelle dissimulerait le clivage mais n'y mettrait pas un terme. Il livrerait la France pieds et poings liés aux partis, qui déjà l'ont prise en otage avec l'instauration du quinquennat et leur financement par le contribuable.

Le risque de l'élection présidentielle, c'est un abus de pouvoir de l'exécutif, avec une majorité à sa botte, et une opposition qui montre les dents en permanence parce qu'elle se sent maltraitée. Le prince adoubé dans les urnes sait cela. Par prudence, il est toujours amené à gouverner un peu plus au centre que ses partisans ne l'auraient souhaité.

Il n'est pas obligé de se renier quand le consensus s'avère impossible. Sur tous les sujets – pédagogie, fiscalité, santé publique, culture, prestations sociales, Code du travail, immigration, environnement, diplomatie, aménagement du territoire, commémorations officielles –, les propositions de la droite doivent se référer à une conception de l'homme face à son destin, et de l'homme dans la cité, qui n'est pas celle de la gauche. Cette conception est assise au premier chef sur un souci identitaire. Si ses dirigeants s'obstinent à l'ignorer, perdurera le sentiment que la droite est un décalque incolore de la gauche, son faire-valoir embourbé dans la mauvaise conscience. La démocratie n'a rien à y gagner et la concorde publique tout à y perdre, car le « peuple de droite », à force d'essuyer des humiliations, cherchera des porte-voix ailleurs que dans le sérail. Avec Internet, ça peut se trouver. Ne pas oublier cette tentation césariste, jamais absente depuis la Révolution. Quand l'opposant le plus efficace et le plus courageux à l'idéologie de la gauche au pouvoir n'est pas un politique mais un journaliste à la plume acérée et au verbe tranchant, doté d'une solide culture historique et d'une capacité d'analyse à proportion, ça prouve qu'il y a maldonne dans la distribution des rôles. Éric Zemmour n'est pas un émule du général Boulanger et il n'ira pas se commettre dans le marigot partisan. Que d'aucuns l'y aient incité suffit à révéler une attente fébrile, et un vide sidéral. Vide d'autant plus navrant qu'une pensée multiforme émerge à droite. Lui faudra-t-il autant d'années pour trouver une résonance dans la sphère politicienne qu'il s'en est écoulé entre le règne intellectuel de la gauche libertaire au début des années soixante et l'accession au pouvoir de ses activistes en 1981 sous la houlette de Mitterrand ? Entre-temps, la France risque de continuer à creuser sa tombe. Mieux vaudrait que la jonction soit plus rapide, quitte à recomposer le paysage droitier du tout au tout, et tant pis s'il y a de la casse.

La confrontation des deux hémisphères politiques de la France gagnerait en verdeur, en franchise et en altitude si la droite apprenait à s'identifier comme telle, et si la gauche apprenait à la connaître avant de la juger. Est-ce illusion d'espérer cela ? Peut-être. J'ai cru nécessaire d'essayer. Une fois définie la frontière, les valeurs de la droite française n'ont rien de rédhibitoire pour une conscience de gauche. Ce sont les imaginaires qui accusent le distinguo. La France, me semble-t-il, est plutôt de droite dans ses profondeurs, plutôt de gauche dans ses humeurs. Lorsque le stalinien Aragon, dans une ode à la gloire de son parti, se découvre patriote en 1944, ce n'est pas la France « républicaine » que ses vers invoquent, mais la France immémoriale, donc indémodable :

« *Je vois Jeanne filer Roland sonne le cor.* »

Autant je crois à la réalité du clivage, autant j'apprécie ces moments où la trêve des joutes politiques permet de savourer ensemble le bonheur d'être français.

Table

DU MÊME AUTEUR

AUX ÉDITIONS PLON

Dictionnaire amoureux de la France, 2008 (nouvelle édition, revue et enrichie, 2011 ; version illustrée en coédition avec les Éditions Flammarion, 2014). Prix Maurice-Genevoix. Prix Erwan-Bergot de l'armée de Terre.

Dictionnaire amoureux du catholicisme, 2011.

Considérations inactuelles, 2012. Prix des Impertinents.

La Nuit étoilée, 2013.

Chirac, Hollande, une histoire corrézienne, 2014.

Retiens ma nuit, 2015.

AUX ÉDITIONS GALLIMARD

En désespoir de causes, 2002 (Folio, 2003).

Incertains désirs, 2003 (Folio, 2005).

Je nous revois…, 2006 (Folio, 2008).

AUX ÉDITIONS DE LA TABLE RONDE

Le Retour de D'Artagnan, 1992.

Rugby blues, 1993. Prix Populiste. Grand prix de la Littérature sportive.

Elvis, balade sudiste, 1996.

Spleen en Corrèze, 1997 (« La Petite Vermillon »).

Les Masques de l'éphémère, 1999 (Folio, 2001). Prix Paul-Léautaud.

Le Bonheur à Souillac, 1994 (« La Petite Vermillon », 2001). Prix Libre. Prix de La Table Ronde française.

Le Venin de la mélancolie, 2004 (Folio, 2007). Prix du Livre politique. Prix des Députés.

La Manche de Don Quichotte, 2005.

L'Été anglais, 2005 (« La Petite Vermillon »).

Vienne en fin de siècle, 2005.

Rue Corneille, 2009.

Juste un baiser, 2014.

AUX ÉDITIONS ROBERT LAFFONT

Le Rêveur d'Amériques, 1980.

L'Été anglais, 1983. Prix Roger-Nimier.

À la santé des conquérants, 1984.

L'Ange du désordre : Marie de Rohan, duchesse de Chevreuse, 1985.

Maisons de famille, 1987. Prix Kléber-Haedens.

Un Léger Malentendu, 1988.

La Corrèze et le Zambèze, 1990. Prix Jacques-Charbonne.

L'Hôtel de Kaolack, 1991.

Le Bonheur à Souillac, 1994.

Le Jeu et la Chandelle, 1994.

Dernier verre au Danton, 1996.

Don Juan, 1998.

CHEZ D'AUTRES ÉDITEURS

Le Mystère Simenon, Calmann-Lévy, 1980.

Spleen à Daumesnil, suivi de *Le Tour des îles*, Le Dilettante, 1985.

Vichy, Champ Vallon, 1986.

Le Bar des palmistes, Arléa, 1989.

Je me souviens de Paris, Peinture d'André Renoux, Flammarion, 1998.

Boulevard des Maréchaux, Le Dilettante, 2000.

Le Dieu de nos pères, Bayard, 2004.

Cholley, le grand guerrier, Privat, 2011.

Juste un baiser, Guéna, 2012.

La Duchesse de Chevreuse, Perrin, coll. « Tempus », 2013.

Petit Dictionnaire amoureux du catholicisme, Pocket, 2013.

Du bonheur d'être réac. Apologie de la liberté, Equateurs, 2014.

Petit Dictionnaire amoureux de la France, Pocket, 2014.

Composition Nord Compo
Impression CPI Bussière en avril 2016
Éditions Albin Michel
22, rue Huyghens, 75014 Paris
www.albin-michel.fr

ISBN : 978-2-226-32488-7
N° d'édition : 22162/01 – N° d'impression : 2020715
Dépôt légal : mai 2016
Imprimé en France